グリーンブックレット
Green Booklet 8

国語表現 I

西谷尚徳 [著]

成文堂

リーディング・ガイド（大学での文章表現における簡単な参考文献）
.... 82

演習問題解答 84

演習問題目次
①長文を短文に書き直そう！（34）
②レポートのテーマに相応しいか考えよう！（40）
③ことば遊びで"言い換える"練習！（50）
④一文要約で言い換える練習（抽象化）（51）
⑤言い換える力を身につけよう！（抽象化と具体化）（52）
⑥説得を意識した文章を考えよう！（61）
⑦文章を並べ換えよう！　Part 1（74）
⑧文章を並べ換えよう！　Part 2（75）

コラム目次
①既成の概念と自分の領域を超える（18）
②やさしい引用の考え方（24）
③悪文を作らない（35）
④言い換えようとすることが第一歩（50）
⑤上級な文章は「言い換える力」と「比べる力」を上手に組み合わせている（54）
⑥例外の"だから"と"なぜなら"（58）
⑦情報と能力（63）
⑧批判的視点とネガティブな思考は紙一重！？（71）
⑨書く内容を発見するための"発想"（74）

チェックリスト目次
①文章を書く前に確認しよう！（40）
②考えるための10項目（基礎知識）（61）
③文章の表現技術を磨く　～まとめ編～（72）

目　次

はしがき ………………………………………………………………… i

第1章　大学の学修を考える ……………………………… 1
　大学「国語表現」の重要性 ………………………………………… 1
　「研究」を知る ……………………………………………………… 5

第2章　文章の読み方を知る ……………………………… 9
　大学は「読む」活動拠点 …………………………………………… 9
　新たな発見から「知る」 …………………………………………… 13
　「引用」作法を学ぶ ………………………………………………… 19

第3章　「書く」ことの基本を学ぶ ……………………… 30
　大学で必要な「書く」こと ………………………………………… 30
　「書く」ことで伝える ……………………………………………… 35

第4章　文章を書くための考え方 ………………………… 42
　書くために「考える」 ……………………………………………… 42
　文章を「読み手」に理解させる …………………………………… 45
　論理的思考力を養う ………………………………………………… 62

あとがき ………………………………………………………………… 81

『国語表現Ⅰ』として，国語にまつわる基本的な知識と方法を取り上げているものです。

　本著『国語表現Ⅰ』は，卒業するまで大学4年間での学修に必要な知識や文章能力の習得について，詳しく解説しています。

　これを機会に，大学生として身に付けるべき国語能力の基本的な考え方だけでなく，大学におけるレポート作成や論文執筆の文章表現能力など，大学生の文章スキルを学びましょう。

　　平成24年11月

西　谷　尚　德

は　し　が　き

　「レポート試験でSやAを取りたい」と一度は考える大学生がいると思います。また「文章が書けない」「書くことは苦手」というように，文章作成を初めから敬遠しがちな方もいるでしょう。でも心配することはありません。誰でも最初は上手く書けないものです。

　本著は，大学での評価を上げるための「レポート・文章作成」ガイドブックです。

　大学生になると，口頭で伝えることや解答を探すことよりも，自分の意見や考え方を文章でまとめることが一般的になります。実は，レポートや論文は，評論文での記述問題や読書感想文とは全く異なり，おそらく高校まででは経験したことがないような学習作業です。

　大学では，試験等の大半で「レポート」という長い文章を作成することで，教員の評価を得ます。毎年，大学生の中には，読書感想文と同じような文章や，支離滅裂な文章を書くことを当然のように考えている者もいます。これは，文章作成の方法を知らないことを考えれば，仕方のないことかも知れません。しかし，大学生たるもの，自ら調べるか，教えを乞うなどして，学ぼうとしなければ前進しません。

　例えば，その最初の学習作業は，入学後の「履修登録」です。「どの講義を受講すれば良いのか」「どのくらい受講すべきか」といった疑問や心配は，毎年の新入生，あるいは在学生にとっても，年度はじめには決まって考えなければならない重要な作業です。

　大学は基本的には専門的な知識を学び，学術研究を行う高等教育機関であり，当然学問として高度な"学修"が必要とされます。その学修では，「〇〇学」や「XX法」といった専門的な講義や演習などの専門科目の他に，一般教養的な講義や演習も含まれています。その幅広い履修の中で，より深い研究を目的とするための準備として，基本的な知識が必要とされています。

　本著は，その教養分野の中でも，比較的優先順位が低いと捉われやすい

学生実例集目次
学生実例レポート①（25）
学生実例レポート②（77）

第1章
大学の学修を考える

大学「国語表現」の重要性

◇高校と大学の「国語表現」の違い

「国語表現」というと，高校で培ってきた「現代文」や「小論文」といった国語を想像するでしょう。

高校の国語表現では，読み深めるための「講読」領域と，あるいは書く・話すといった「表現」領域の２つに分類されています。

そのうち「国語表現」で学ぶ内容は，文部科学省発表の『高等学校学習指導要領』内に「適切かつ効果的に表現する能力を育成し，伝え合う力を高めるとともに，思考力や想像力を伸ばし，言語感覚を磨き，進んで表現することによって国語の向上や社会生活の充実を図る態度を育てる」とあります。これは，言い換えれば，高校生として一般的な学生生活を送るための国語表現能力を身に付けるためであり，高校から大学にかけて必要とされる国語表現を考えた場合，高校で学習した内容が頼りないものであると言わざるをえないでしょう。

厳密には高校の「国語」では，卒業までに19単位の履修が定められています。そのうち「国語総合」の４単位と，「現代文」と「古典」を併せ12単位，計16単位の履修というのが内訳です。つまり，高校で学ぶ「国語表現」に関しては，３単位の履修という高校生としての最低限の学修であり，およそ週３時間を費やし，１年間履修すれば，「国語表現」学修の卒業要件を満たすということになります。

大学での「国語表現」では，当然『高等学校学習指導要領』の内容とは異

なります。これは，大学が専門的研究を行うための高等教育機関であり，また就職する事前のキャリア教育機関でもあることから，より高度な「国語表現」を習得しなければならないという理由からなのです。

　これまでの国語では，評論や小説を読解し，与えられる特定の質問（問題）に決められた解答を導き出すというものです。文章を読解するという作業については，大学でも大いに必要とされる能力の一つですが，大学では与えられた質問に解答するという作業だけではありません。大学では，すべての学修において，質問や問題自体を自ら発見しなくてはなりません。そして，その解答は，これまでの穴埋め形式や抜き出し形式，さらには字数制限の記述のような「現代文」読解ではないのです。

　大学での文章作成は，一つの講義に対して，少なくとも800字～1200字の文章を書くことが課せられます。つまり，原稿用紙にして実に2～3枚の文章作成が常に課せられるのです。それも定期的（半期は2度，通年は1度）な頻度で書かなければいけないのです。

　このように，大学において単位修得のための試験や課題の大半が，レポート形式の方法によることや，就職を目指した活動のほとんどで文章を書く作業が必要となることが関係しています。したがって，大学の「国語表現」では，文章を書くという表現方法を重視すべきといえるでしょう。しかしながら，文章を書く作業ばかりに集中していれば良いというわけではありません。

　そもそも大学の学修では，学術（専門的な研究）を目的として学び，自身で研究していくものであるため，多くの著書を読み，長時間にわたる書く作業が必要となるのです。そのため読む量，あるいは書く時間といった分量では，高校までとは比較にならないほどの労力を費やす必要があります。むしろ，労力に比例して，大学での学修の評価や研究の成果といったものに反映されると言っても過言ではありません。

　しかし，必ずしも努力が必ず報われ，費やした労力の通りに成績や評価も上がるものとは限りません。したがって，大学生活4年間のうちに，高校までに培ってきた「国語」能力を活かし，新たに大学生としての高度な「国語表現」を学修するのです。

　より専門的な「国語表現」を学修することは，大学生としての「学術」と

社会人に向けた「実用」を兼ね備えるための"着実なステップアップ"を図ることでもあるのです。

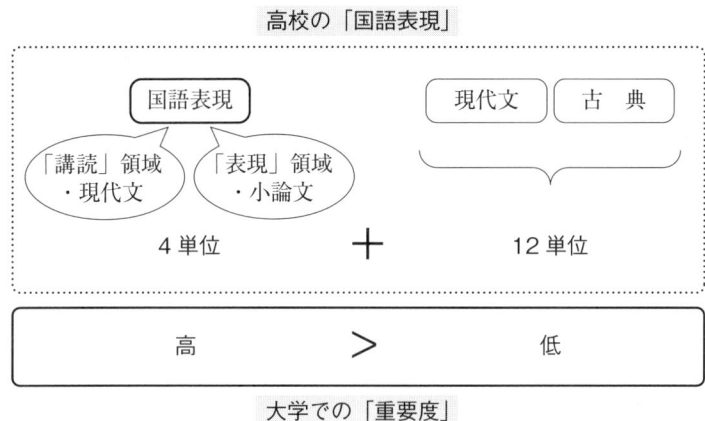

◇「国語表現」を学修する理由

大学に入学してまでも「国語表現を学ばなければいけない」と言われると,なんだか気が引けるように感じます。しかし,大学では国語表現を頻繁に扱い,最も必要とされる能力なのです。

大学の学修では,講義や演習といったこれまで目にしたことがないような名称が目立つことに気付かされます。今まで聞いたこともない難解な科目名で溢れ,複雑な内容に富んでいることから,入学当初で不安に駆られてしまうでしょう。だからといって臆病になる必要はありません。

大学には,「シラバス」といって講義の詳細データが提示されてあるいわば"パンフレット"があり,講義の履修のしかたや講義内容まで,事細かく記載されています。

シラバスに目を通せば分かるように,その講義のほとんどの評価方法で,レポートの提出や文章での解答が義務付けられています。実はここで必要と

なるのが「国語表現」能力なのです。つまり，大学のほぼすべての講義で，自分の「国語表現」能力が試されているのです。

これまでと違う国語表現の解答

× 高校までの記述，穴埋め，記号選択での解答

○ 大学で求められるレポートや小論文での文章での解答

国語表現能力が試されている

◇大学における「国語表現」とは……

　大学では，すべての講義や演習において，高校までの解答を導き出す作業ではなく，出された課題や問われる意見を文章として提示しなければなりません。そのため，自分の思考や意見を文章として表現をするための国語能力が必要とされます。

　大学で身につけるべき「国語表現」は，文献を読解する際に，あるいはレポートや論文で文章として表現する際に，必要とされる文章能力のことを指します。その文章能力は，大きく「文章読解能力（読む力）」と「文章表現能力（書く力）」とに分けられます。

　大学生としては，この「読む」と「書く」を最優先にし，次に普段の講義で疎かにできない「聞く」こと（聴講理解力）に留意したいところです。

　昔から，「読み」「書き」「算盤」と言われるように，大学でも学ぶべき「読み」と「書き」の比重が大きくなっていることは，言うまでもありません。文章の読解や作成には，「語彙力」「表現力」「論理的思考力」「内容把握」「推敲力」など多くの能力を必要としており，これら能力は，「読む」ことと「書く」ことの中で習得していくことができます。したがって大学では，

「読む」「書く」「話す（論理説明力）」の3つの国語能力は当然のこと，それが大学の「研究」において，「国語表現」の基盤となるのです。

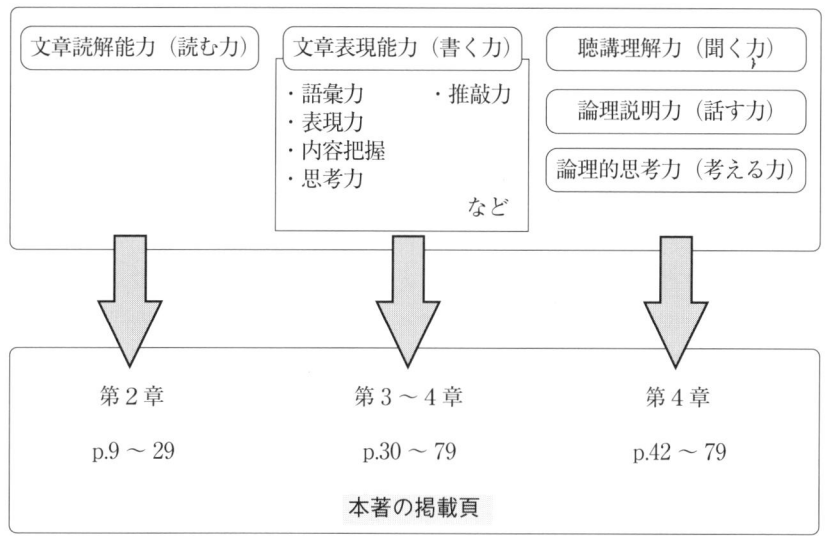

「研究」を知る

◇「学術」という研究

　大学での学修は，その多くが専門的分野において，具体的な科目を学んでいかなければなりません。その学びは，学士習得のために自身が選択した学部や学科で，卒業要件単位の科目履修が必須であるため，単なる学修ではなく，その専門分野の学修に没頭し，特定の「研究」に専念することになりま

す。

　そのため大学では，学修時間の多くを「自己学修」に割く必要があり，自らすすんで「研究」に取り組まなければなりません。それにはまず，大学内で利用可能な情報機器とその利用方法を知り，あらゆるネットワークを駆使して，文献調査や情報収集のための媒体を大いに利用することが必要とされます。

　その利用媒体には，文献やコンピュータなど様々なものがありますが，これら情報媒体を存分に利用すべきです。あらゆる媒体を頼み，"孤独を好んで独学に没頭する"ことができなければ，より良い「研究」は成しえません。

　「研究」の本質を求めるには，独りになって集中し，模索しながら迷いもがく時間をどれだけ積極的に作れるかにあります。そしてこの「研究」の中心は，まず「読む」ことにあります。大学で初めて学ぶ専門分野において，多くの「知らない」ことを「知る」きっかけになるのが読書なのです。

　読書では，国語能力の基礎が必要であり，たくさんの文献を「読む」ことで国語能力を向上させるだけでなく，専門分野における知識を得て，自身のいわゆる"引き出し"を増やすための大きなきっかけとなります。

　昨今，多様化される情報媒体の増加により，その機能性からも溢れる情報の中から目的の情報を瞬時に入手できることが可能になりました。しかし，文献という媒体では，「読む」という作業を通じて，自らより多くの情報に目を通し，時間をかけて探し出さなければなりません。これには，自分の都合や気分で向き合えないこともあり，かなりの労力と技術が必要となります。

　また研究のための読書では，相当な集中力を要すため，「研究」に向き合う決意や意志といったものも必要とされます。そして自分中心で行う学修ではなく，学修に自分を合わせることで，初めて学修を通じて，他者に自分を合わせるということを覚えさせられる機会を得ることにもなるのです。

◇「研究」とは文章と向き合うこと

　大学の「講義」は，たくさんの文献を「読む」ことが前提として行われています。「講義」は，関連する多くの文献を読んできていることを想定して，

内容がつくられます。学生としては,「講義」を理解するためにも,"最低限"の読書が必要です。そして「講義」では,「研究」を目的としており,専門的知識の習得を目指すものであるため,学生の立場でも最低限の知識と情報は用意しておく必要があります。しかし用意といっても,何も難しい内容を課せられると負担に感じる必要はありませんが,各講義において"知っておかなければならないこと"を知らないままでいることは,大学生としては避けたいところです。

さらに,文献は講義よりも"深み"があります。その日一回限りの講義は,音声として消えてしまい,自分の姿勢や意識が向いていなければ理解することはできません。その分,"重み"のある講義に耳を傾ける必要もありますが,一方,文献にはその著者の人生や人間性が描かれており,また何より消えてなくなることがないため,何度も読み返すことができます。つまり,文献は,自分の知らない他者の世界を覗き,知り得ることができる"深み"をもった道具といえるのです。

情報の中には,「講義」のように直接会って聞くことでしか得られないものもありますが,文献は,会うことが不可能な著名人の人生を過去に遡って知ることできます。さらに直接会って話を聞くよりも,文献での対話では,自ら文章に向き合う姿勢をつくり,集中をすることで,「読む」だけでなく「考えて理解する」という技術も身に付けることができるのです。

これら「読む」能力を養うためには,「読む」頻度を増やすことが先決です。そしてどれだけの文献を読んで,その良さを人に伝えようと思えるかが,「読む」から「書く」ということに繋がっていくのです。

例えば,自分の好きな映画を「見る」だけでなく,その映画の書籍版を読んでみることで,目から入る映像で捉える世界と,活字から読み取る世界との大きな違いを受け止められるはずです。

"知らないよりも,知っておいたほうが良い"ことは学修だけに留まらず,日常や社会においても共通の見解です。学生は,分からないことを分かるに変換するよう習慣づけるためにも,少なくとも入学してから最初の夏休みまでには,自らすすんで文献を「読む」習慣を身に付けたいものです。

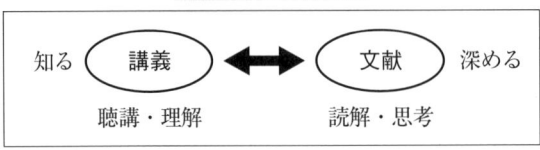

第2章
文章の読み方を知る

大学は「読む」活動拠点

◇文献に出会うために，足を運ぶ

　文献に出会うためには，まず大学内や地域などの図書館に足を運ぶことです。

　大学内も含め一般的な図書館の文献は，「開架」と「書庫」とに分類されて保管されています。「開架」は，図書館内の本棚に整理されていて，いつでも閲覧できるようになっています。この「開架」を閲覧する際に，今では検索システムにより，目的に沿った文献を容易に探し当てることができるようになっています。

　学生は，いつでも大学内の図書館を利用でき，いつでも閲覧可能な環境下に置かれていることを認識しておくことです。さらに，これら学生の特権と共に，「書庫」の存在も忘れてはなりません。

　「書庫」の中には，「廃盤」になった文献や持ち出せない資料，あるいは歴史が古く貴重な文献など，なかなか普段は手に取って眺めることの困難なものが眠っています。特に大学には，「研究」を推し進めてくれるような文献が並んでいます。まずは，これらの存在を知ることで，有効に活用できるよう文献調査のしかたを身につけたいところです。

　またこれら図書館に保存される貴重な文献などは，場所によっても様々なものが保管されているため，自分の通う大学図書館だけでなく，他大学の図書館や地元地域の図書館などに足を運ぶという，文献調査の選択肢を増やすことも大切です。

一方，地域にある書店にも，たくさんの文献が並んでいますが，そこでは売れる文献が立ち並び，売れない文献は短期間で排除されます。つまり書店では，一般大衆に受け入れられやすい文献が多く，誰もが知り得る情報が満載の文献が，店頭に並んでいるのです。したがって，研究を目的とする者が必要とする文献は，書店では売れないため，店頭に置かれていないのが一般的で自然の原理と言えます。このような理由から，学生は図書館を積極的に利用すべきなのです。

　また文献には「絶版」といって，もはや市場に出回らない古い文献もあります。これも書店ではなく，図書館に保管されている場合が多いため，歴史や先例を学ぶ場合と同様に，図書館から当たるのが近道です。

　このように，文献一冊を探すにもいくつかの手段があるため，文献調査に限らず，その「研究」に沿った相応しい情報収集の方法も学ばなければならないのです。面倒でも懸命に図書館に足を運び，より詳しくより繊細な情報を入手するように努めるべきです。

◇読書という"疑似体験"から"師"を求める

　大学の学修で最も重要なのは，前述の通り「読む」活動です。学生は，論理的な読解力を身につけるためにも，読書の絶対数（時間量と冊数）を増やし，習慣づけることを求めるべきです。

　大学の学修では，見たこともない文学書や市販されていないような文献と出会うことはもちろんのこと，さらには教員や学生との出会いが自身の知的活動を拡げてくれます。

　「研究」を目的とする「読む」ことは，まず自分が知っていることか，知らないことかのどちらかを前提に，的確な材料や参考になる文献・資料を探すことから始まります。しかし，「読む」ことの価値は，探すことだけに留まるのではなく，他にも存在することを理解しておく必要があります。

　本来，「読む」ということは，著者が言わんとしていることを掴むことや，登場人物の言動や心理を客観的立場で捉えるということです。自分が著者や登場人物に成りきり"疑似体験"する中で，他人の経験から，考え方や表現

を知ることです。そして，文献の中に，直接会うことができない人物の経験を求め，さらにはその人物の言動を盗み取ることで，著者や人物と同じ体験をしていくのです。

このように，実際の経験や現地調査などしなくとも，文献の中から体験談や歴史，知識に至るまで習得することが可能であり，その自由も認められているのです。大学に在籍している学生は，その様なたくさんの情報が眠る環境に身を置いています。

自分の知識容量を増やし，思考を拡げることで，自身の文章能力や言語能力の向上だけでなく，教養や人間性を育むことに直結していけるのです。

◇文献の読み方が"カギ"を握る

「読む」ことを実践するためには，大きく分けて2通りの読み方があります。それは，自分にとって「肯定的に読む」か，「否定的に読む」かの2通りです。つまり，批評を前提として，賛成か反対か，信じるか信じないかという読み方になります。特に後者の「否定的」読み方を重視することは重要です。これは書かれている文章を客観的視点で，常に疑問を探りながら追うことで，自分なりの「問い」を導き出し，考える作業を行いながら読むことができるからです。

中には，読み手にとって難解な内容や，未知な内容を含んだ文献もあります。また文献によっては，読み手を極端に否定するような内容もあるかもしれません。しかし，ここで注意すべきことは，「読む」こと自体に主観的感情を持ち込んではいけないということです。読み手の視点としての主観は大切なことですが，決して感情的に読んではならないのです。感情的主観により，物事を客観的に且つ多角的に捉えることができなくなってしまうのです。

今後，多くの文献を「読む」ことで，多くの知識を得られるでしょうが，すべての文献の内容を知識として頭の中に取り込むだけでなく，"考えながら読む"ことを実践すべきです。それにはまず，何を読むか，読んで何を感じたかではなく，文献を「どのように読んだか」や，文献を読むことで「どう考えるようになったか」ということを得る機会であることを認識し，文献

の種類や主観に惑わされることなく，方法や思考のプロセスを充分に注視して，内容に富んだ「読む」ことを継続していくことです。

◇反復「読書」の必然性

　これまで述べてきたことから，「読書」の必要性を感じ，「読書」を習慣にできるのであれば，きっかけはなんでも良いのです。
　例えば，好きな映画の活字版を読むことから始めても良いでしょう。あるいは，興味のあるドラマやその俳優の関連著書でも良いでしょう。
　活字の特徴は，単純に映像で捉える場面とは全く異なり，読解することでより細かく詳しい描写と想像力が養われます。
　活字の文献を「読む」という行為は，「問い」と「発見」，「疑問」と「納得」の思考を繰り返すことです。したがって，ただ漠然と読書をするのではなく，文献や資料に当たる際になんらかの「問い」や「疑問」が生じていなければなりません。
　我々の日常には「？」が溢れており，知らないうちにその「？」を「！」にする作業の連続で生活しています。読書においても同じことが言えます。なんらかの「問い」に対して「発見」があると，さらに興味関心を抱き，次の「疑問」にステップアップできます。つまり，普段からも身近なところや些細なところに「問い」が持てるかどうかが大切であり，研究においてもこのような「問い」のきっかけが調査や研究を推し進めることになるのです。
　このようなことからも，読書を反復する上では，自分なりの「問い」を立てながら読むことが大切です。自分なりの「問い」が読書の必要性を認識し，読書から「発見」や「納得」を繰り返すことで，さらなる「問い」と「疑問」を生む独自の研究へと発展されるのです。
　まずは批判的に「読む」，あるいは疑問を探しながら「読む」，といったことを意識しながら，「学修」から「研究」へと繋がる第一歩としていきたいものです。

新たな発見から「知る」

◇「わからない」を「わかる」に

　大学の学修では，専門分野での詳しい研究になることから，わからないことが頻繁に出てくることは言うまでもありません。この「わからない」ことは，「わかる」ことの前触れであり，「わからない」の多さが多くの発見と理解を生むのです。当然，「わからない」ことは「わかる」ようになることが良いのですが，その調査方法や検索手段を考えると，簡単とは言い難いものです。

　例えば，講義がいくら専門的と言えど，聴講だけでは限度があり，すべてを「聞く」学修のみで済ませようとするのは，稚拙な学修であると言えます。そこで図書館や情報機器，あるいは現地調査など自ら足を運び，あらゆる調査をすることになるのです。

　学問や研究において，重要なことは「先例」に学ぶということです。特に「研究」となると，先人が残してきた事柄を調べ上げ，そこから自身の新たな見解を見出さなければなりません。

　「わからない」ことの理解や，研究材料として「文献」や「資料」に当たることは，過去に遡り，先人の歴史や生き方，言動に至るまで，こと細かく調査することから始まります。そこでは，自分の中に存在しなかった知識や考えを学び，そこに抱いた「問い」に対して自身の意見や考えを提言していくことになります。つまり，「過去の無知」を「現在の知」と照合し，整合性を確かめることで，自身の論理性を証明していくのです。そして，それらの調査をもとに，自分独自の意見や思考を持ち，新たな発見を目指していくのです。

　「研究」する前提には，物事を客観的に捉え，総合的に判断していく能力が備わっていなければなりません。あらかじめ「研究」の到達点をおおよそ予測しながら，そこに至るための様々な道筋を辿ることが大切です。

◇情報収集の基礎を身につける

「研究」をすすめるには，文献だけでなくあらゆる情報の収集に努めなければなりません。特に昨今，様々な情報が溢れその機器や媒体も多く，やみくもに収集したのでは，せっかく集めた情報も確実性に欠けるだけでなく，的確に使用するための整理にも膨大な時間と労力をつぎ込むことになります。そこで，誤った情報収集をせず，少しでも時間と労力を減らすためにも，以下3つの情報収集に関する必要能力を提示しておきます。

1つ目は，「情報収集能力」です。これは先にも述べましたが，あらゆる情報収集の手段を理解した上で，実際に文献や資料を"集められる能力"のことを言います。また単に集めるだけでなく，自身の「問い」や疑問と，その情報が合致しているものかどうかも判断すべきです。そして，その情報が自身の主張を裏付けたり，より論理の説得力を増すための材料として用いられているか，よく確認する必要があります。

2つ目は，「情報整理能力」です。これは，集めた情報を"整理する能力"であり，抜粋した情報をそのまま引用することなく，材料として相応しい形体として整え，自身の文章としてまとめることです。また，入手した情報は，自身なりの方法で保存し，資料として残すことを習慣づけたいものです。

3つ目は，「情報利用能力」です。自身が入手し，学修した情報を的確に"活用する能力"のことです。また情報そのものを収集するために様々な媒体を利用する能力のことでもあります。

これら3つの能力の認識と習得に努め，情報収集に当たるべきです。

◇辞書とインターネットだけでない，文献調査の必要性

今日ではたくさんの辞書が溢れ，まずどのように調べれば良いかという出発点から迷うことも少なくないはずです。そんな状況に救いの手を差し伸べているのが，電子辞書やインターネットです。

辞書は，「分からないこと」を「分かる」に変えてくれる便利なツールで

す。したがって，辞書で調べるという作業は，「研究」において当然の心構えであり，慣習化すべき学修方法の一つでもあります。

　今では学生に一台は当たり前というように，電子辞書を持つことが一般的になり，調べる作業が容易くなっています。また，インターネットでも，簡単に疑問を解決してくれます。しかし，いくら便利と言っても注意しなければならないこともいくつかあります。

　例えば，インターネットのウィキペディアやコトバンク，Yahoo辞書やgoo辞書などのネットでの辞書は大変扱いやすく，日常的に調べる作業を手助けします。しかし辞書での調査の位置付けとして，あくまで「研究」の入口に立ったに過ぎないことを念頭に置かなければなりません。つまり，辞書やインターネットでの調査が最終地点ではなく，調べていくきっかけにしなければならないのです。

　インターネットの情報は変動的で，不確実性を否めないものが多数流出しているため，信用性にかける場合がほとんどです。時に，風評や他人の会話をそのまま閲覧できるといった根拠のない情報も流出しているほどです。もちろん，参考にすべき情報も多く，まったく無視するにはもったいない場合もありますが，これらのいわば"軽い"情報は必要に応じて，自分の認識の中にとどめる程度の使い方が賢明でしょう。

　我々が研究の中で必要としている情報は，普遍的な根拠があり，誰もが納得するような確実な情報でなければなりません。そのため，インターネットやメディア媒体，さらには文献といえども雑誌や単行本などの信憑性に欠ける情報は，決して「研究」材料に相応しいとは言えません。特に昨今，学生の間でも流用されているウィキペディアや広辞苑などで調べたつもりになり，それを丸写しするようなことは，決して行ってはならないことであると認識すべきです。当然のことですが，誰もが手軽に閲覧できるインターネットや雑誌などから，深い知識や情報が得られることはありえませんし，表面的な情報や切れ切れの情報も，深い「研究」には相応しい情報とは言えないのです。

　デジタルとアナログを上手に使いこなすということも，今日の学生に課せられた能力であることも認識しておく必要があります。一口に情報といって

も，情報機器だけでも膨大な数と種類が溢れかえっている中から，絞り込んで「研究」していくのは容易ではありません。まずは情報機器の利便性を認識した上で，「研究」に相応しい活用方法を理解していくべきです。

例えば，電子メールやインターネットなどは，短期的，瞬間的，表面的な利便性に富んでいます。特に，教員や学生間でのやりとり，語句や事柄の意味を"浅く"知る，あるいは"軽い"情報を得るなどにおいて，その能力を発揮します。しかし，長期的，継続的，内幕的な奥深い研究を要する場合，アナログに勝ることはできません。

これからの大学生は，情報があふれる時代だからこそ，アナログとデジタルを駆使して，調査を究めることが必要とされています。大学生として，調べるという作業を慣習化すると同時に，その技術を身につけ，上手に活用することが重要なのです。

一つの事柄を的確に調査するためには，時間をかけて何度も反復していかなければ身に付きません。これは，文献を「読む」数と，図書館に足を運ぶ回数に比例すると言えるでしょう。この頻度が学生の能力と，研究そのものの「充実」に差を生むと言っても過言ではないのです。

◇検索機能を活用する

大学生がレポートや論文を書くための文献・資料を調べる際に，最も頼りになる（信頼できる）のは，大学図書館です。間違っても，インターネットでの検索を頼りにしないように注意してください。しかし，大学図書館というと，閲覧するための検索から目的の文献・資料にありつくまで，長時間を要すことが予想でき，学生にとっては気が重い仕事です。

高校までは図書館というと，その場所へ行き，実際に文献を読んだり借りたりすることが主な目的であったはずです。大学図書館にも，当然そのような機能はありますが，その他にも充実した機能が整備されています。

例えば，公共図書館のように，キーワードによる検索可能なデータベースがあり，他の図書館との連携による資料の取り寄せ，公共図書館リンク（日本図書館協会HP）からの検索，国立国会図書館HPからの検索，国立情報学

研究所（Nii）の学術コンテンツ・ポータル（GeNii）からの総合学術論文検索（CiNii）など，検索機能が充実しています。これらは，どのインターネット上からも検索できるため，検索のみであればわざわざ図書館に足を運ぶ必要もありません。しかし，やはりインターネット上での検索は，下調べや，調査・研究の入り口段階に過ぎませんから，文献・資料に目を通すことを心がけなければなりません。

　このような図書館の検索機能の充実を熟知した上で，積極的な利用を励行したいものです。この他にもインターネットが普及し，図書館以外の検索や調査が可能になっていますので，身のまわりの様々な機関を利用し，情報源の選出と活用ができるようになりましょう。

◇情報の信頼性を検討する

　あらゆる調査から情報やデータを用いて，文章で主張や説得を試みても，そもそも扱っている情報やデータそのものが信頼できるものかどうか，読み手によって異なります。

　まず，最低限の条件として，情報やデータは，証拠として証明されるデータでなくてはなりません。そのため，自分の偏見や推測の介入，わずかな事例，少人数を対象としたデータ，偏った情報，偶発的な出来事など，信憑性の低い情報は証拠に値しないのです。

　また，インターネット上で簡単に閲覧できる情報媒体は，利便性に優れているものの（前述），永続性に欠け，信憑性に欠けるものがほとんどです。HPを含め，発信者が簡単に書き換えられたり，他人が情報挿入できるものもあるくらいです。またこの情報の更新を恒常的に確認もできなければ，情報の出処や責任者の追及ができないものも少なくありません。

　このような理由から，インターネット上の情報を活用する場合は，充分な注意を払い，信頼性を検討してから使用するべきですが，基本的に閲覧や参考程度に留めておき，信頼性を高めるための情報・データとして扱ってはならないのが原則です。

　自分の文章の信頼性を高める上で，最も簡単な情報やデータの扱い方とし

て大切なことは,「YES」か「NO」でその情報やデータを見つめることです。これは,あらゆる情報・データに賛否を持ちなさいということではありません。自分が書こうとしている文章,つまり自分の主張や説得に用いた情報やデータが肯定か否定どちらかの手伝いをしてくれるかということです。

　他人の文章や様々な情報・データに,自分から合わせて賛否の意見を持つことも重要ですが,大切なことは自分の文章の信憑性を高めることですから,読み手に自分の文章を信頼してもらうために,証拠として用いればよいのです。こうすることで,批判的な視点を持つことにより,情報やデータに惑わされない自分なりの論拠と論理展開ができるようになります。

コラム①：既成の概念と自分の領域を超える

　大学生は,色々な人付き合いも多く,大学生活の中であえて時間を割いて,自分一人で学修する機会を作ることは容易ではありません。例えば,読書ひとつをとっても,一人で机に向かい,集中して文献を読むことは,かなりの労力を伴う作業です。しかし,文献を取り扱うことは,知識を得ることはもちろんのこと,学生や社会人として必要な「我慢力」を養うことにも繋がります。

　文献の中の活字と向き合い,「研究」を深く掘り下げていくことは,文章と格闘することでもあります。その際,好き嫌いや得手不得手はつきものですが,自身の個人的感情を捨て去り,「研究」の必要性を感じ,追求をすることは自身を大きく成長させることになります。

　大学での研究では,これまでの自分の中の既成概念や領域を拡げようと奮闘し,それらを超越することで初めて未知の世界や未開の領域に踏み込める絶好の機会になるのです。

「引用」の作法を学ぶ

◇文章に引用を盛り込む

　「引用」とは，他人の著作物の一部を自分の文章の中に取り入れて，自分の意見のもととなる社会的事実や他人の意見を正確に述べることです。自分の主張や意見を読み手に説得するために，あるいは信憑性を高くするために，他者の文章や意見などを借りてくるのです。それによって文章の信頼性を高め，自分の主張や意見が思いつきや独りよがりでないことを示します。

　この「引用」には，原則として守るべき作法があります。引用するに当たり，すでに公表されている文章であれば，書き手の許可は必要ありませんが，著作権法という法律に守られていることを忘れてはなりません。そして，何をどこから引用したのかをはっきりと表示する必要があります。

　引用文は，適量を心掛け，書き手の文章が少なくなったり，説得力に欠けたりしないように，必要な部分のみを用いることにしましょう。

　引用は，序論や結論に入れることはせず，本論に入れます。その場合は，原文のままの表記で引用することが原則です。

　資料が与えられていれば，それをそのまま引用します。また，テーマだけが与えられていれば，そのテーマに関してだれもが知っている事実や意見（＝社会的文脈）を引用します。

　引用を上手に扱うためには，次の4つのことに注意しましょう。

①自分の文章と他人の文章とを区別する意識を持つ。
②あまり長い引用・注釈，あまり多くの引用・参考文献をあげるのは好ましくない。
③引用するばかりでなんの分析もないのは，ただの権威主義に陥ることがある。

④参考にした文献の表記を怠らない。

以上のことを踏まえ，後述（本章内）の「引用の表記と参考文献表の一例」を参考に，引用の基本的表記を押されておくことが大切です。

このように，引用によって，自身の論理に信憑性持たせるために他者の権威に頼り，また自身の論理の軟弱性を守ってもらうのです。また，引用の表記の仕方には，様々な手法があるため，いくつかの文献を参考に調べてみることも大切です。

◇引用・参考の方法，文献リストの書き方

「引用」の形式には，大きく分けて，①短い文章を持ってきて「　」をつけて明示する，②長い文章をそのまま引用する，③長い文章を要約して引用する，という3つの方法があります。

①，②は，原文そのままの表記で引用するため，書き換えたり，自分の主観的な考え等を混入させてはなりません。また，③は読解力と要約力を必要とするため，間違った解釈をせず，筆者の叙述を忠実に読み取らなければなりません。

引用の表記については本章内の「引用の表記と参考文献表の一例」で後述します。

いずれも作法と表記に注意を払い，論理的な文章を書くためにも，注釈や引用を使いこなしましょう。

◇引用箇所と引用文献リストを結ぶ

引用では，原則として，①引用した情報源を明示する（参考文献・資料リスト），②引用部箇所で注釈がある場合，照合できるように明示する，という2点を忘れてはなりません。その際，次の例のように，引用文献情報の詳細データを明示します。また注釈を付け，詳しいデータを付加します。

例①）章末や巻末に「参考文献リスト」として明示する

※通常のリストを作成する場合
〈参考文献〉

　柴田敬司『現代文解法の新技術』桐原書店，1996
　速水博司『大学生のためのレトリック入門』蒼丘書林，2005
　米田明美ほか『大学生のための日本語表現実践ノート』風間書房，2005

※インターネットより閲覧した場合

〈参考資料〉
　立正大学HP：http://www.ris.ac.jp/index.html　2012年8月8日アクセス
　立正エンタープライズ株式会社HP「会社情報」より：
　http://www.ris-enter.co.jp/corporation.shtml　2012年8月8日アクセス

※長文引用や要約引用でページを指定する場合

　柴田敬司『現代文解法の新技術』桐原書店，1996，p175
　速水博司『大学生のためのレトリック入門』蒼丘書林，2005，p118-125

※著者複数や訳者，編者がいる場合

　1）桑原聡ほか編著『現代文要旨要約問題〈新版〉』京都書房，2009
　2）福嶋隆史著『「本当の国語力」が驚くほど伸びる本』大和出版，2009

※参考文献に番号をふる場合もあります。

例②）本文中に注釈を付け，詳しい説明をする。

> 　社会学の権威であるゲイリー・A・ファイン[注1]は，指導者として，「当然のことながら野球技術の専門的知識と同じように道徳的知識を持っていなければならない」とすることで，あらゆる角度から指導のアプローチをすることが望ましいと述べています。
>
> ※注釈は，章末か巻末へまとめて記載
>
> ※1　ゲイリー・A・ファイン（1950–）。社会心理学博士。ボストン大学講師，ミネソタ大学助教授，ジョージタウン大学教授を歴任。その後，ジョージア大学社会学部教授を経て，同社会学部長，現在は，ノースウェスタン大学社会学部教授を努めている。研究領域は，シンボリック相互作用論，社会心理学，文化社会学，科学社会学，集合行動論，社会学理論と多領域におよび，編著書も多い。

　いずれの引用・注釈も，他者がいつ何時読んだ場合にも理解できるように，情報データの確実な提示と分かりやすい明示を意識して表記するようにしましょう。

◇引用の表記と参考文献表の一例

　次の例文や表記例から，引用の作法について見てみましょう。

【本文】（網がけ　　は，解説用に付与させたもの）　　※注釈は，本文中に付ける

> 　では，「文章基礎がわかる」とは，その知識を覚えることだろうか。もしそれだけのことであれば，高等学校の「現代文」や「小論文」といった講義でこと足りてしまうことになる。筆者はそうではないと考えている。大切なことは，修辞や文章表現の基礎知識を踏まえた上で，実際にレポートや論文の学術研究[注1]において使いこなせることと，社会人へ向けてのコミュニケーション力の基礎的養成を認識させるためである

(西谷, 2012) ※長い引用は，上下1行の空白行と，前後2文字の空白

　　そもそも大学の学修では，学術（専門的な研究）を目的として学び，研究していくものであるため，多くの著書を読み，長時間にわたる書く作業が必要となるのです。そのため読む量，あるいは書く時間といった分量では，高校までとは比較にならないほどの労力を費やす必要があるのです。むしろ，労力に比例して，大学での学修の評価や研究の成果といったものに反映されるでしょう。／しかし，間違っても努力が必ず報われ，費やした労力の通りに成績や評価も上がるものとは限りません。したがって，大学生活4年間のうちに，高校までで培ってきた「国語」能力を活かし，新たに大学生としての高度な「国語表現」を学修するのです。／より専門的な「国語表現」を学修することは，大学生としての「学術」と社会人に向けた「実用」を兼ね備えるための"着実なステップアップ"を図ることでもあるのです。(傍点筆者，西ヶ谷，2012, p123)

※自分がつけた傍点は「傍点筆者」
元々あった場合は「傍点原著」

※引用情報を本文に記しても良い
（その場合，この情報は参考文献に記載しなくても良い）

※原著にある段落をつなげる場合

【注釈】（上記本文に対応）

※章末や巻末にまとめて記載します。

1，学術研究について，立正大学では，建学の精神にもとづいて，「研究ビジョン」を構築し，その実現に向けた取り組みを進めている。その「研究ビジョン」が「ケアロジー」であり，立正大学が持つ研究領域である「人間・社会・地球」を深めるだけではなく，また個々の要素を分析するだけでもなく，「関係性」に着目し，その「関係性」を修復（ケ

ァ) できるよう学際的・複眼的なアプローチ・研究であるとしている。
2, ……………………
3, ……………………

※本文の注番号に対応して，通し番号順に記載する

【参考文献】　　　　　　　※36巻3号の146-152ページという意味

Robert, G. W., (1997). Rissho University………
　　　　　　　………, 36(3)：146-152.
立正太郎 (1999.12.31)『「モラリスト×エキスパート」のブランドビジョン』立正書房，123-126
「3つの立正精神」立正学術新聞　2010年8月12日付け
　　　※新聞の場合は，「年月日」を忘れずに
立正太郎編著『「モラリスト×エキスパート」のブランドビジョン』
立正書房，1999.12.31　　※本文に記載していない場合は，このような例が一般的

コラム②：やさしい引用の考え方
「自分で名言を吐く以外の最善の方法は，引用をすることである」　ラルフ・ワルド・エマーソン（1803-1882）　　　　　※アメリカの哲学者・作家

　引用とはつまり，「先人の知恵がにじみ出た文章，警句，寸言を，そのまま使うことです。自分の文章に，薬味として加え，考えを分かりやすく表すことで，それが独創のひとつとなり，新しい文章となるのです。
　多くの文学作品や科学論文も，実は引用に溢れています。ただそれらが世に認められるような優れた作品となるのには，引用の技法に長け，知識の微妙な収集，加工，編集に成功しているからなのです。
　引用というのは，あくまで他人の文章を借りてくるというものです。いくら

引用を多用したとしても，最終的には自分の知識や考え方を自分の言葉で説明しなければ，読み手に伝わる文章は書けません。

　他人の名句や名言ではなく，自分の言葉で明確に伝えようとすることが，引用によって自分の文章を引き立てることにつながると同時に，自然と読み手にこちらの誠意も伝わるのだと思います。

〈学生実例レポート①〉　評価：Ⓐ優，Ｂ良，Ｃ可，Ｄ不可

課題：「子ども，子どもの社会化，子どもの社会化環境の変化と現状・問題点について明らかにしたうえで，そのあるべき姿について考えなさい」（4,000字以内）

　昨今，マスメディアを通じて，家庭での教育の混乱や学校においての教育力不足といった，親や教員が子どもに及ぼす教育的問題が，様々なかたちで大きく取り上げられている。特に現代では，いじめが発展しての自殺であったり，親子・兄弟間あるいは友人間での人間関係の崩壊など，事件性のある特異的な問題が際立っている。

　社会一般論としても，「昔の教育は家庭も学校もしっかりしていた」「昔の教育やしつけはもっと厳しかった」などと聞こえてくる始末である。しかしながら，これらの教育的問題は，現代の突発的な現象ではなく，以前からも変わらず存在していた重大な問題であったはずである。

　では，以前には厳しく「しつけ」られていたとされる家庭では，どのような社会化がなされていたのであろうか。

　以前の「しつけ」は，基本的生活習慣の形成や礼儀・行儀作法についてではなく，家業などの労働の中において，厳しくなされていた。なぜなら，まず労働を優先することが，家の存続にかかわる重要な課題であり，子どもはその労働力として期待される部分も大きかったのである。さらに貧困の激しい時は，小作料を払うために，子どもを紡績工場などに出稼ぎに出す家庭も多かった。子どもをあてにしたり，労働に出すこ

とで少しでも食事の量を減らすことは，日常であったようである。

　この時代，子どものしつけや教育に時間をかける親がいたのなら，村じゅうの笑い者になっていた。乳幼児の世話は，一人前の労働能力を持たない老人や年長児に任せてしまうほどの「つまらない仕事」であった。

　また以前の子どもの遊戯形態は，現代のように高価なおもちゃやゲーム機などはない。戸外の遊びでは，男の子はめんこ，戦争ごっこ，ちゃんばらごっこ，竹馬，かくれんぼ，模型飛行機，凧揚げなどで，女の子はかくれんぼ，鬼ごっこ，ままごと，なわとび，ゴムとび，まりつきなどであった。さらに，時代背景でもあるが，母親は専業主婦に，父親は通勤する勤め人になるのが主流であり，そんな大人の暮らしを真似して，「ごっこ遊び」の中に取り入れることで，遊びを確立していった。特に，戦争真っ只中の富国強兵の時代であり，男の子には兵隊ごっこ，女の子にはままごとやお嫁さんごっこが人気であった。もはや今では聞くことのない，そしてなるべくお金のかからず，道具に頼らなくても充分に楽しめる遊び方をしていたのである。

　このように，子どもが学ぶ機会や学習すべき内容は，労働（手伝い）や遊びや儀礼など，家庭や地域において，様々なところに埋め込まれていた。従って，親は家庭において，改めて「しつけ」る必要性もなく，子どもは，色々な機会や場面で，多くのことを自然に体得し，自然に大きくなり，一人前になるものであるという考え方が主流であった。

　しかし，現代において「しつけ」とは，以前とは正反対であり，日常生活の中の習慣化された行動様式の習得，礼儀作法に関して言われることが多い。その「しつけ」も，特に家庭における社会化について言われることが多くなっている。この要因としては，以前には家庭で自然に行われていた社会化が，現在では故意的に行われるようになってきたことがいえる。

　これら問題の要因の一つとして，今日の子どものコミュニケーションや遊戯の形態の変化が挙げられる。実際に，家族内の人間関係を見ても，兄弟やいとこ，おじさんおばさんも少なくなり，また地域社会での人間関係も希薄化してきている。つまり，子どもが社会化していく過程にお

いて，自然にコミュニケーションが交わされていた人間関係の経験が極端に少なくなってきているのである。

そして拍車をかけるように，現代の子どもの周辺には，テレビやインターネットなど情報機器，あるいはゲームや携帯電話などの電子機器が溢れ，あらゆる行動において，機械に頼らざるを得ない環境になってきている。こうしたものの弊害として，人間関係の濃さ・深さから生まれるコミュニケーション能力の低下，及び人間関係の希薄化につながるものと考えられる。

子どもは，生活の中で，大人とある程度の緊張感を持って関わるような機会に乏しいと，どうしても他人との交わりに慣れないままになってしまう。その結果，同年齢またはネット上という，緊張感のない関係だけを求めるようになってしまうのである。

このような情報機器の充実化は，便利である一方で，子どもの社会化に多大な影響を及ぼしている。それは，学校においての社会化の変化を見ても分かる。

明治初期の子どもは，江戸時代から全国無数にあった寺子屋に通い，「読み・書き・算」という実用的な初等教育を受けると同時に，生活の基本を学んでいた。この頃の子どもたちは，不思議なほどに学ぶ意欲に溢れていた。何かに敬意を感じ，何かに憧れ，自分自身をそれに重ね合わせることで，向上しようとしていこうとする習慣が，自然に身についていた。おそらく『論語』というテキストへの憧れや，それを教えてくれる近所の教員への敬意があったのであろう。従って，家庭の中でも，「まず教員の言うことをちゃんと聞きなさい」という教育が行われていた。

敬意をあらわすことは，決して自分を卑下することではなく，自分より優れたものがあることを認識し，自分を超えたものや自分より大きなものに対して，畏怖や畏敬の念を持つことであり，以前の子どもには，自然と各々の根底にあったと思われる。それもそのはず，寺子屋では，学ぶ姿勢や構えができていない子どもは，容赦なく締め出されたからである。

しかし今では，もはや「憧れ」という心の習慣自体が薄れ，学び続ける精神や教養への敬意もなければ，教えてくれる教員への畏敬の念もない。教員の威厳は消え，教員をまるでサービス業の一つとして捉える傾向が強まっている。挙句の果てには，我が子中心主義で考える結果，学校や教員にクレームをつける「モンスター・ペアレント」という親の出現により，以前とは全く対極的な親の姿がある。

　これらの原因として考えられるのは，子どもが社会化によって，本来身に付けられるはずの知性・教養の欠乏や，子どもが抱くべき尊敬・憧れのなさからくるものであろう。子どもも親も，また教員自身も，知性・教養に対しての憧れがなくなってきたことで，勉強をはじめとする学ぶことの重要性が見失われつつある。

　この危険な事態によって，特徴的な問題の一つが，いじめと情報機器の融合による，いわゆる「学校裏サイト」である。その内容は，生徒がインターネット上に，教員への悪口や特定の生徒を著しく傷つけるような書き込みをするというものである。

　このような事態を受け，教育の再生について行われている議論も，現在ははっきりとした見通しが立っていない。

　中央教育審議会は「ゆとり教育」を失敗と認め，結局土曜日の講義を復活させて，講義数を増やすという答申をまとめた。しかし，これでは単に講義数を増やすだけで，実質的な効果は生まれない。

　また総合的な学習の時間という，比較的点数化しにくい教科も生まれ，教育していかなければならない。これも学力低下という現実に直面し，中途半端な存在になりつつある。結局，「ゆとり」の名のもとに生まれたのは，勉強しない子どもが増えたという現実だけである。

　こうしてみると，今日の子どもを取り巻く社会化環境は，以前に比べ，社会化の主体の変化と人間関係の薄弱化が大きな要因になっていると考えられる。

　以前は，物資の恵まれていない時代であり，人や環境そのものが社会化の主体となっていた。しかし，ものや情報（機器）が溢れる現代では，人や環境というものは，二の次にされることが多く，社会化の主体は，

ものや情報（機器）といった，相手に一切気を使うことのない，一方的な社会化の対象が主流になってきた。

　実際のところ，社会化の主体そのものは，変化していない。しかし，時代の流れもあり，その優先順位が変化してしまったと言える。そのため，特に大切にされるべき人間関係の形態が大きく変化してしまったのである。

　例えば，これまでの子どもは，親・兄弟という家庭の中で学び，地域を経て，学校という社会へ進むという，段階を踏んで社会化をしてきた。しかし今となっては，その社会化の段階が混乱している状況になっている。子どもたちの中には，親よりも友人や教員を優先する者がいたり，あるいは信頼のおける存在がいないという者もいるくらいである。つまり，以前も今も社会化において，社会化の主体は変わらないという共通点はあるものの，その優先順位や日常においての必需性が変化してきたために，社会化の受け手である子ども自身の社会化も変化したのである。

　子どもを教育することに関して，以前のように「放任」することが不可能になった今，子どもに対する家庭においての影響力，いわば家庭での教育力の真価が問われる時代になったのである。これは，以前では子どもの担い手となっていたはずの地域や学校といった現場の教育力が弱まったことで，家庭での教育責任が重くなったとも言い換えることができる。

　現代の教育の事態は，以前の教育を繰り返すことでは，改善は図れないし，そう単純なものではないが，学ぼうとする意識や教育への姿勢・構えというものは，見習うべきであろう。つまり，子育てや教育といった観点では，子どもを見守るかたちであることに，昔も今も変わりはないのである。

　教育という名のもと，子ども自身の人間形成が本来の目的であることを忘却しなければ，自ずと現代に相応しい教育のあるべき姿が発見できるはずである。

(3,887字)

第3章
「書く」ことの基本を学ぶ

大学で必要な「書く」こと

◇**書くことの意味を考える**

　そもそも「書く」ことの意味としては、伝えるための「書く」ということであり、すべての文章は、他者に読まれることにより、初めてその効果を発揮します。

　また伝えるための「書く」の他にも、「書く」ことの本来の意味としては、「記録して残す」ということもあります。「書く」ことに慣れるためにはまず、思いついたこと、興味を持ったこと、初めて知ったことなど、日常や講義で、とにかく何でも書き留めるということを習慣にしたいものです。これは、講義でノートを取ることを例にとれば、教員の講話を「聞き取る」訓練にもなり、相手の話や文章を理解することにも繋がります。

　はじめは、作文や感想文のような箇条書きから、次第に短文や一文へと繋げていきます。やがて、長文でも的確な表現力を養うことや文章構成のしかたを習得できます。

　また、文章を「書く」能力を養うためには、自らの頭で「考え」、自分の力で「書く」作業を繰り返さないことには、いつまでたっても文章能力は向上しません。いくらたくさんの文献を読み、さらには文章表現についての文献を読んだところで、「書く」動作をしなければ「書く」能力は養うことはできないということです。

　意思や発見などを書き留め、考えて「書く」ことで、様々な「書く」を慣習化し、相手に伝える文章を作り上げることができるのです。

◇作文と論文の違い

※作文

　大学進学率の急増は，仕方がないことだと思う。学歴社会とまでは言われないが，高校を卒業しての就職よりも大学を卒業してから就職した方が良い。だから，大学へ進学してから就職先を探すことは決して悪くないことだと思う。

※論文

　大学進学率の急増は，就職を問題点として挙げた場合，働く側と雇用する側の両面から考えなくてはならない。働く側が大学進学によって，働くためのしっかりとした将来の展望を持つことが重要である。一方，雇用する側には，働く者が就労意欲を高められる努力や，職業訓練の場を提供するなどの企業努力が必要だ。

　大学で求められている文章はレポートや論文であり，作文ではありません。例えば，作文であれば，「あなたはそう言うけれど，私はこのように思う」となりますが，論文では，「あなたはそう言うけれど，私はこのような根拠と事実から，このように考える」となります。つまり，作文と論文の大きな違いは，「根拠」や「事実」が前提にあり，論理的に意見や主張が述べられているかどうかにあるのです。

　さらに文章を細かく分けるならば，事実の報告，あるいは求められた解答を意見として論理展開していくレポート形式と，先人の研究をもとに根拠や事実を駆使して，自分なりの独自性や独創性を盛り込んで新しい論理を展開する論文形式とがあります。

　書き手自身が論理を展開する中で，どのような問題点があり，その対応策について，どのように主張するのかを明確にし，さらに読み手に納得させる

ために,「論点」を明確にすることが重要です。自身が調べ上げた「根拠」や「事実」をもとに,自身の考えや意見を論理的に主張していくのです。

例えば,日常でも他人に理解をしてもらうことや,承諾してもらうことを前提に話す場合,それなりの説得力がなければなりません。そうでなければ,相手に共感を得ることはもとより,相手の心に響かせ,突き動かすことはできません。つまり,聞き手と読み手は同じ立場にあり,読み手を少しでも共感させるのです。読み手を理解・納得させるために「根拠」や「事実」に基づいた書き手独自の論拠を提示する必要があるのです。

◇大学で求められる「書く」

大学の試験や課題での多くは,その「答え」だけを求められるのではなく,その「答え」に対する考え方や意見も求められています。つまり,「答え」が分かっていても,その考え方や考えた形跡,あるいは論理が形成されたプロセスが見えてくるような答案でなければ,「答え」として不足したものと判断されます。さらに付け加えれば,その考え方を伝える表現力も求められています。そのためには,単に「答え」を求めるだけなく,テーマや課題に対して「問い」を立てられるようにならなければなりません。

「問い」といっても,単なる「疑問」とは異なり,最初から予測される「答え」を挙げ,それを前提とした具体化された「疑問」のことを言います。そのため,大なり小なり抱いた「問い」に対して,あらかじめ予測される何らかの「答え」を用意します。その「答え」を確証していくのが「研究」です。」

研究をすすめていく中で,さらにまた「答え」が出されたならば,次の「問い」を探るという作業の反復をしていくのです。つまり,抱いた「疑問」に明確に「答え」ることができなければ,それは「問い」を立てたということにはならないのです。

「問い」に対して答えが出ることは,さらに新たな「問い」を生むきっかけにもなります。その間,「考える」という行為が,「書く」ための明確な「問い」になるのです。そしてこれらの反復によって,「研究」の中で拡がる

興味・関心が絞り込まれ，明瞭で鋭い論点が生まれ，独自の論理展開に繋がります。

そもそも文章を「書く」ことには，先にも述べましたが，それなりの目的があり，基本的には，その書いた文章を読み手に伝えることが大半の目的です。その読み手に伝えるための文章とは，

> ①書いたものを理解させる
> ②書いたものに共感・納得させる
> ③書いたものによって行動を起こさせる

という3つの条件が揃うことが重要です。

これら条件を満たすためには，読み手と文章の到達点を意識しながら，納得させるだけの材料と証拠を論理的に配列し，自分の意見を「客観的」に書かなければなりません。また，主張する内容が論証によって説得できるものかどうかということに注意すべきです。

◇「話し言葉」から「書き言葉」へ

大学のレポートや論文では，自分の主張や意見，あるいは研究内容の報告を文章として表現することが求められています。そしてその文章は，当然ながら「話し言葉（口語）」ではなく，「書き言葉（文語）」でなくてはなりません。

例えば，間違えやすい表現として，「～けど」は「～けれど」に，「でも」は「けれども」に，「～みたい」は「～のよう」に，「というか」は「というよりも，ところで」などがあります。この他にも，話す時と書く時で用法が異なる用語があるので，注意しなければなりません。

我々は普段の会話において，これまで経験してきた感覚で，何気なく言葉を用いて相手に伝える作業をしています。しかし，「書き言葉」ともなると，普段使い慣れていないためか，文章として成り立たないばかりでなく，本来伝えたい内容そのものさえも相手に伝わらない場合が多いのです。

このことからも，文章で相手に伝えるためには，まず言葉を知り，自身の文章表現の幅を拡げることです。

まず，たくさんの文献を「読む」ことを大前提とし，身近な講義から，多くの教員の表現の巧みさや語調の良さを得ることです。そして多くの文章に出会い，書き言葉を知ることで，講義で学ぶことを活かしながら自分の表現能力を向上させていきましょう。

「書き言葉」を用いることで配慮すべきことは，どう感じたのかではなく，「どのように書くか」です。さらには，どう伝えたいかではなく，「どのように伝わるか」という2点につきます。

この考え方は，「読む」行為にも似ていますが，自ら書き記したものが相手にどのように受け入れられるかを最優先にした考え方です。つまり，読み手を中心に考え，相手に敬意を払うことで，読まれる前に受け入れられるかどうか，そして読んだことで理解・納得してもらえるかどうかを重要視しなければならないのです。

◆演習問題①：長文を短文に書き直そう！（日本語文章能力検定問題より抜粋）

次の文を短い文に分解して書き直しなさい。

いまだかつて文字を持たなかった日本人は，四世紀の終わりから五世紀の初めごろに，複雑な字形を持ち，しかも数が多い漢字という文字で書かれた，日本語とは構造が異なる中国語で書かれた文章に出会い，文字を学んだのである。

> **コラム③：悪文を作らない**
>
> 　複雑な表現や言葉の多用、分かりにくい長文など、読み手にとって難解な文章を「悪文」と言います。これを避けるためには、基本的に一文が3行以上にならないことに気を付け、論理的構造を明らかにするために、順序立てて述べることが必要です。また、接続詞や修飾語などの日本語特有の表現に注意することです。
>
> 　例えば、「今日は朝から雨が降っていたが、折りたたみ傘を持ってきた。」という文章のように、「が」を用いることで意味の通らない文章になる場合があります。このように、「が」を用いると文章がまとまっているような錯覚に陥ることがあります。この例に特徴的なことは、読み手に文章の解釈を委ねてしまっていることです。他にも、「昨日は早く寝たものの、起きるのが遅くなってしまった。」というように、「の」の使い方にも注意しなければなりません。
>
> 　文章作成では読み手にどのような解釈をされてもおかしくない文体は、無責任であり稚拙であると言わざるを得ません。分かりやすい文章を書くためにも、自分の文章に執拗なまでに注意深くなること、そして「が」「の」の多用や表現の重複などには充分に気を配りましょう。

「書く」ことで伝える

◇文章作成の基本とは……

　「書く」ことは、読み手に対して何らかのメッセージを発信することでもあります。書き手のメッセージがどんなに優れていたとしても、読み手に伝わらなければ、その文章は何の役にも立ちません。そして、書き手が「書く」メッセージには、「何を・何のために」伝えたいのかという、それを発信する意図が必ず存在するはずです。

　大学生に求められている文章は、主にレポートや論文です。これら学問的要素を含んだ文章は、教員に評価を求め、それが基で単位認定がなされます。

　教員に限らず、誰かに見せる文章を書く際には、適切な材料を用いて、相

手に伝えたい事柄やそれを伝える目的に応じて，書かなければならないのです。この「適切な材料」を集めることと，「的確な伝達」のしかたが，大学生の頭を悩ませることになります。

◇読み手に伝えるために……

　読み手に伝えるための文章を書くためには，大きく2つのことに注意しなければなりません。それは，①自分と向き合うことと，②文章と向き合うことです。
　①は，自分の考えに向き合い，理解に努めるということです。当然のことながら，自分がしっかりと理解していないと，読み手に説明することはできません。また，自分が知っている，分かっていると思っていても，必ずしも明確であるとか，知り尽くしているとは言い難いものです。これでは，何をどのように主張するのか，自分でも分からないまま，結局何が言いたいのかが分からない文章になってしまいます。何を主張し，何が自分の考えなのかを単純なかたちで明確にするのが文章なのです。

　このように文章を書くということは，常に自分との対話です。主観的な自分と客観的な自分とで，対話を続けていかなければなりません。アニメのような例ですが，ちょうど天使（善）の自分と，悪魔（悪）の自分との会話に似ています。

自分の中のAが何か言う　⇔　自分の中の別のBが言い返す

　読み手を納得させるためには，自分の意見に対して強力な反論や疑問を抱いて，それに打ち勝つくらいの説得力のある論理展開をしなければなりません。つまり文章は，いかに強力な反論を用意できるかということにも重なります。しかし，あまりに強力すぎる反論を出してしまうと，反論が勝ってしまうため，文章としては成り立たないので，注意しましょう。
　より伝わりやすい文章を書くために，既存の前提を突き崩し，論理的に信

憑性のある論理（逆接）を組み立てることが必要となります。そのためにはまず，事実を知ることです。調査・観察し，事実をしっかりと把握した上で，様々な多角的な問いを見つけることが肝要です。

　②は，伝える文章にするために平易な表現を用いるということです。

　文章というものは，その人の個性，感覚，思考様式などが大いに反映されます。読みにくい文章であれば理解されるはおろか，最後まで読まれることすら分かりません。まずは，名文を書こうとせず，分かりやすく，伝わりやすい文章を書くことに集中しましょう。

　また，文章上の表現として，ひとり合点にならないことも大切です。つまり，自分の思い込みや単なる自論ではいけないということです。

　自分はこう思っているから，読み手も分かるだろうという確証のない前提は危険です。「読み手は書き手の考えを知らないし，分からない」ということを忘れないことが賢明な文章を書くコツと言えるでしょう。

　このように，あくまで自分の考えを読み手に伝えるものであることを忘れないように心がけましょう。

◇伝えるために必要な要素

　友人や教員と会話する際にも，何かを伝えるためには，材料や言葉が揃っていないと上手く伝わりません。文章も同じことで，読んでもらいたい内容や伝えるべき内容を書く場合，目的に応じて材料を揃えながら，適切な順序で分かりやすく伝える必要があります。

　より的確に伝えるためには，主に3つのことに注意することが必要です。

　まず，事実や出来事を正確に伝えると言うことです。それには，文章を書く上で用いられている一般的な「5W1H」の作法を理解しておくことです。

　「5W1H」というのは，When, Where, Who, Why, What, Howのそれぞれの頭文字を取ったもので，「いつ，どこで，だれが，なぜ，なにを，どのように」という要素のことです。事実を伝えるための文章には，この要素が正確に含まれているか，また伝えたい内容に応じて適切に用いられているかが重要になります。

次に，事実を踏まえて書き手がどのように考えているのか，ということです。言い換えれば，書き手の提案になります。事実を基にして，根拠とその理由から成る提案がまとめられていると，書き手の考えていることが読み手に伝わります。この書き手の考えていることを読み手に伝えることが文章の一番の目的なのです。

　最後に，事実からの結果や，問いに対する答え，あるいはそれらに対する書き手の意見を明確にするということです。「書く」メッセージとしての最優先にすべき目的は，書き手の導き出した答えや意見を読み手に共感してもらうことです。

　読み手に読んでもらえる文章を書くと同時に，共感を得られるような文章で表現することが大切なのです。つまり，書くこととは，どうすればより伝わり，どうすれば読み手を共感させるかということの追求なのです。

◇「書く」ためのポイント

　文章を「書く」ことに慣れるためには，まず単語や語句を用いて，主語と述語から成る短文を作ることから始めると良いでしょう。これは，先にもふれましたが，文章は主語と述語が最も大切であり，これが中核を成しています。この主語と述語だけで「伝わる」ことが可能であれば，これに越したことはありません。

　次に，いかにして肉付けしていくかということです。つまり，修飾語を間に挿んでいくことによって，文章そのものが時間や場所，動作や状況に至るまで，あらゆる可能性を見出し，つながり合った言葉が一つの文章となって生きてくるのです。

　それには，修飾語の用い方や品詞の活用を習得することが必要です。また感想文に多い「主観的な表現力」から，論文作成に必要な「客観的な表現力」も身に付けなければなりません。

　一つの文章として作成できたならば文章構成を考え，書き出しに注意しましょう。題名や書き出しで読み手を引き付けられなければ，どんなに新しい発見や独自の提案でも，読んですらもらえません。そして，全体に一貫して

論理性に富んでいる必要があります。

　論理性とは，読み手が理解できるように，より正確な流れをつくり，言葉を文章に一つひとつ組み立てて，説得させることです。

　例えば，「AだからBになり，BになるからCになる。」というように，順序と言葉（文章）が整理されていることが大切です。筆者が自由に書きたいことを積み上げていくことも大切な要素ですが，書くべき外せないことを省いてしまうと論理性に乏しい文章になります。そのため，今ある知識だけではなく，新たに調査することや前例などを駆使していくよう努めるべきです。

　また，論理性という点では，書き終わりにも留意しなければなりません。文章の最初と最後で異なった結論を提示しては，読み手が混乱するだけでなく，一貫性がなく曖昧になるため，文章として成り立たなくなってしまいます。

　このような論理性に富んだ文章を「書く」ためには，次の4つの能力が大切です。

---

①知識力
・材料や資料などを集め，課題やテーマに関する知識量を増やす。

②発想力
・先人や他者の情報を基に，自分の考えやアイディアを駆使して，論旨を生み出す。

③構成力
・他者に適切に伝えるために，文章全体を組み立てる能力を育む。

④国語力
・正しく読み，語彙力を高め，豊かな表記力や文章力を養う。

◆演習問題②:レポートのテーマに相応しいか考えよう!

　下のそれぞれのレポートのテーマ例について,課題レポートとして相応しいテーマかどうか検討し,適切か不適切か指摘しなさい。またその理由を答えなさい。

①交通の安全性について

②交通の安全性は大切か

③我が家の電車利用状況

④電車の安全性は完全に確保されているか

⑤日本の地下鉄の安全性公表は,利用者のためにより明確なものにするべきか

チェックリスト①:文章を書く前に確認しよう!

　テーマや課題に「問い」が作り出せたら,下のような様々な問いをチェックしよう。必要な問いを洗い出し,不必要な問いは消去して,構成を考えよう。

　□時期はいつからか

　□誰が関係しているか

□何に対して書くのか

□誰に対して書くのか

□その理由は

□原因・動機・経過・背景は

□どんな結果か

□その影響・効果・作用は

□どんな方法か

□その対策・解決策・利点や欠点は

□比較できるものは

□それは比べられるものか

　　　　　　　　　　　　　　　　など

第4章
文章を書くための考え方

書くために「考える」

◇**書くことと考えること**

　私たちは，日常生活の中で自然と考える動作を行っています。文章を書く際にも，必ず「考える」動作を行っています。
　この考える動作というのは，文章作成には欠かせない重要な仕事です。むしろ「考える」動作なくして，文章を書き上げることはできません。自分が考えたことが文章化されることによって，相手に伝えることが可能になるのです。
　また，文章は「思いや考え」を文字という形に残すわけですから，自分の中にある「思いや考え」のほかに，「実体験（経験）や想像（創造）」を頼りにし，それらを文章に書き記そうと考えを巡らさなければなりません。つまり，自分の記憶や想像，思考や学修などを経て，自分の中から発信される事柄が文章となって形づくられるのです。
　そのため，自分の知識を増やすためにも，参考や引用などで文章を膨らませたり，研究や伝聞などによって表現を拡げることを必要としているわけですが，私たちの既存の思考や経験では，表現に限界があることは否めません。その限界を超えるためには，学修や研究によって知識や理解を増やし，未知や未開の領域に踏み込むことが必要なのです。さらに，書くために考えるだけではなく，「書く」ためのスキルを身に付けていないと，いくら優れた暗黙知を持っていたとしても，それを形式知にできず表現されないままになってしまいます。（「暗黙知」と「形式知」については，本章「二つの知識『暗黙知と形

式知』」で後述）

　優れた研究や学修であったとしても，他者に評価してもらい，自分の知識や思考を成果として認めてもらうためには，文章術や会話術として形式知に変換し，発信できなければなりません。そのために，「大学生としての国語表現」を文章化のスキルの一つとして習得することが必要となるのです。

◇書き手と読み手の違い

　大学で文章を書く場合，学術を目的としたレポートや論文が多いことは，これまでの説明の通りですが，ここで普段行っている会話や携帯電話からのメール（以下メール）でのやりとりとは異なるということを認識しておく必要があります。

　まず，普段の会話やメールでは，相手から返事や返信をもらえる前提で，コミュニケーションがとられています。そこには，当然のように質問や疑問，あるいは承諾や確認など，一つの「交渉」ともとれるコミュニケーションが自然になされています。このような返事や返信が前提にあるコミュニケーションでは，話し始める人や送信する側が"言葉のキャッチボール"を行ないながら，自然にお互いの関係性を深め合っています。

　レポートや論文などの文章を書く場合，この普段慣れ親しんでいるコミュニケーション方法とは異なることを留意しておかなければなりません。手紙や葉書に慣れていない人が，何かの折に「誰かに文面を送ろう」と思う時に，普段から会話やメールでのコミュニケーションに慣れているため，いざ文章を書こうと思っても，どのように書くべきか困惑してしまうでしょう。

　どんな文章を書く場合も，必ず意識しておかなければならないことは，「読み手の立場」です。

　読み手というのは，文字通り，自分が書いた文章を読んでくれる相手のことです。大学生にとっての読み手は，その対象のほとんどが教員になります。ここで，書き手である学生と読み手である教員の関係が成り立つことが分かります。つまり，学生は読み手の立場である教員を常に意識しながら，文章を書く必要があります。

会話やメールなどのように慣習化しているコミュニケーションとは異なり，文章で伝えるというコミュニケーションは，返却や返信が成されない限り，書き手から読み手に対する一方向的な発信であることを認識しておかなければなりません。「返事が返ってくるであろう」「何か指示や指導をしてくれるもの」と思い込み，教員からのなんらかの反応を待っているとしたならば，これは大きな誤りです。そもそも大学では，レポートや論文によって，評価や認定を目的としているため，レポートや論文で文章を書き，提出する段階で一つの学修が完成されたものと判断され，その時点での評価を受けることになるのです。このことは学生と教員の「教わる側」と「教える側」の立場から考えても，容易に想像がつくでしょう。

　文章を書く際，書き手として常に意識すべきことは，読み手が文章を読んだことでの理解と与える印象です。前項でも述べた通り，自分の思考や意見を文章として提示したことによって，読み手がどのように理解・解釈してくれたかということに注視すべきです。

　そのためには，文章を書いている最中はもちろん，書く前の思考の段階から「読み手の質問に答えているか」「理解してもらえるか」「文章として成り立っているか」など，読み手の立場から，採点される想定や，第三者として自分に疑問・質問を投げかけられている等のあらゆる視点で考えることが大切です。

◇「なぜ？」を繰り返す

　読み手を充分に意識した文章を書き上げるためには，書き手である自分に，いかに具体的な疑問を投げかけることができるかということでもあります。そのための簡単な方法は「なぜ？」と問いかけてみることでしょう。

　出された課題や現状，あるいは言説などに「なぜそうなるのか？」と一度は疑って考えることが，具体的な問題意識を抱き，明確な思考を巡らすことで，より良い文章を書くためのきっかけとなるのです。

　例えば，課題が出された時点で，その課題について「なぜこの課題が出されるのか？」「この課題を研究することとは？」などと，書く前の段階で一

度，疑問からの思考を巡らせてみることでしょう。このような作業は，批評や批判の能力を養うことにも繋がります。

　課題として出されるような事柄ですから，当然重要事項や必要とされる研究であることは間違いなく，学修や研究することに意義を成すものです。しかし，そのような事柄に対しても，疑問や質問を投げかけてみることで，新しい問題点や別の見解などが浮かび上がってくるはずです。このことは，日常生活においても言えることであり，常日頃から第三者的な視点や，疑問・質問を抱くことに慣れていることが大切です。

　課題を出された段階や文章を書く前段階，そして文章を書き上げている最中，さらには書いた文章を再度読んでいる場合など，あらゆる場面でもう一人の自分が「なぜ？」と問いかけることを慣習化していきたいものです。

文章を「読み手」に理解させる

◇読み手を意識した文章作成

　読み手に対して，「本意を上手に伝達する」ためには，具体的に次のことに配慮する必要があります。

---

①誰が何のために読むのか　　A，誰に宛てて書くのか
　　　　　　　　　　　　　　B，誰が読むのか
②何のために書くのか　　　　A，主張・説得のため
　　　　　　　　　　　　　　B，検証・証明のため
　　　　　　　　　　　　　　C，報告・説明のため
　　　　　　　　　　　　　　D，その他
③資料は何か　　　　　　　　A，外部で得た情報（文献等）
　　　　　　　　　　　　　　B，収集したデータ（調査結果・実験結果等）

このように，読み手に自分の考えを伝えるためには，まず自分の考えを理解しなければなりません。自分が理解していないことを相手に説明することはできないはずです。従って，自分の考えを明確にすることからはじめることが大切です。

自分の考えや意見は，意外と明確に持っているようで漠然としている時があります。これを文章として作成する場合には，簡単にはまとまらず，書き上げた文章を自分でも疑問に思ってしまうことにもなりかねません。

自分が何を言いたいのか，はっきりと主張するためにも，まずは自分の考えをはっきりと確かめてみることが大切でしょう。自分の考えを確認し，整理さえできれば，あとはどのように伝えるかという問題です。その伝達方式の一つとして文章があるのです。

例えば，小学生に学校の勉強を教える場合を想定してみて下さい。大学生ともなれば，高度な学修でなければ，ある程度教えることができるでしょう。教える場合，小学生が分かるように，興味を持てるように，そして教わる意義を感じさせることが重要になります。つまり，読み手にとって分かることはもちろん，それ以前に興味を引き，読むメリットを感じさせる必要があるのです。

◇国語能力の「質」を高める

大学では，4年間で学士論文を完成させなければならない場合があります。つまり，学位請求論文（卒業論文）です。この4年間の「研究」を行う上で，大切なことは「読む」速さと共に，「理解する」速さも上げていくことです。この速度を上げることも能力の一つであり，訓練と意識によって身につけることができる「技術」と認識すべきです。

先でも述べた通り，「読む」こととは「考える」ことでもあり，これは習慣づけてトレーニングすることで身につきます。「読む」速さと「理解する」速さを上げることで，読解能力の向上にも結び付きます。そのためには，単に「読む」だけでなく，次に挙げる5つの「論理的思考力」が必要となります。この「論理的思考力」は，文章読解に必要であり，応用させた読みをす

るためにも，習得しなければなりません。

①比べる力（対比関係，先を読む力）
　対比できる事柄を念頭に置きながら，挙げられた事柄を比較していく読み方です。これは，後の展開を予測することや，結果の想定にも役立てることができます。しかし，比べる観点（対象）を揃えなければ比較にならず，誤解を生じてしまうことに注意しなければなりません。

②言い換える力（まとめることと分けること）
　「抽象」と「具体」の理解と活用です。文章をまとめる（抽象化）能力や，分ける（具体化）能力を身につけることです。普段，会話の中で何気なく使っている技術の一つですが，これを知識としてはっきりと理解し，的確に応用できるようにしたいものです。

③辿る力（文章の順序，因果関係）
　「読む」順序や流れのことで，原因と結果，疑問から納得というように，段階を踏んで理解する（させる）作業に直結する能力です。これは，文章を構成する上で，大切な能力の一つになります。文章は，順序が整っていたり，因果関係がはっきりと整理されていなければなりません。その能力を養えれば，「書く」ことにも繋げていくことができます。

④応える力（運用，応用，適応）
　課題に対して相応しい解答を導くだけでなく，文章や資料を"適材適所"で用いる能力のことでもあります。求められていることに，的確に応えることは当然のことですが，さらに自身のオリジナリティを付加できることにも繋げられる大切な能力になります。

⑤繋ぐ力
　文献の引用や情報を的確に繋ぎ合せ，最終的に自身の主張や意見を立証させるために必要な能力です。これは，要旨や要約をまとめるときに

も必要です。語句や文章を繋ぐだけではなく，自分と他者の意見を融合させたり，周囲の情報をまとめたりする場合にも，この能力が発揮されます。

　以上，5つの能力が大学生の養うべき国語能力です。
　この「国語能力」が研究の基礎となり，文献調査の際や日常における「考える」ことに繋がるのです。そして，この考えることが「読む」ことや「書く」ことに必要な「論理的思考力」を養うことになります。
　これらは，すべて相手に「伝える」ことに直結しており，「読む」ことで得た知識や新たな思考を書くことや話すことで，最終的に何らかの形式で相手に発信してこそ意味を持つということを認識すべきです。

◇論理的に述べるために　～3つの基本能力～

①言い換える力
　読み手にとって「言い換える力」は，文章読解力を左右する大切な能力の一つです。これは，漠然と文章を読むことでは，身に付けることはできません。
　「言い換える力」は，要約の練習をしたり，他者に説明をするように，実際に言葉や文章を変換させなければなりません。例えば，「国語，算数，理科，社会」という語句を言い換えるのであれば，つまり「教科（科目）」になります。他にも「北海道，東京都，大阪府，沖縄県」を言い換えるのであれば，つまり「都道府県（名）」になります。
　このように，多くの語句の集まりや文章が複雑で細かな内容を，一つの大きな枠組みにまとめることを「抽象化」と言います。例文にもあったように，「抽象化」では，「～，つまり，○○」というように接続して導き出すと分かりやすいかと思います。
　反対に，この他の言い換える例では，大きな枠組みから，小さな枠組みに分解する言い換えもあります。例えば，「果物」を分解すると，「たとえば，みかん，ぶどう，バナナ，りんご」と言い換えることができます。この「～，

たとえば○○」で接続することを「具体化」と言います。
　これらのことを踏まえると，

「A　つまり　B」＝「抽象化」
「B　たとえば　A」＝「具体化」

という言葉の式が成り立つことが分かります。また，

A＝「具体」，B＝「抽象」

と覚えておくことで，小さな分類か，大きな分類か，という指標にもなります。
　これを文章に置き換えてみると，

今日の講義では，有意義で内容のある聴講を受けた。（抽象）

⬇　（具体化）

　例えば，講義の後半で，実際に「過去を振り返る」というテーマで文章を書き，自分自身を見つめることと，文章の書き方を学ぶことができた。（具体）

⬇　（抽象化）

年間の講義を振り返ると，文章の基礎的な知識を学んだだけでなく，実際の演習作業から応用的な文章作成を実践することができた。（抽象）

※「抽象化」では，物事の本質にかかわらないものをすべて切り捨て，本質だけを残す作業でもあります。このことを理解しておくことで，自分の文章の校正を進めることが出来ます。

コラム④：言い換えようとすることが第一歩

　より分かりやすく伝えたいと思うことで，難しい言葉や分かりにくい言葉を言い換える時に，「果たしてこれで言い換えられているのか」「この言い換え方で上手く伝わるだろうか」と考えることがあるでしょう。

　相手に的確に伝えるためには，上手に言い換えることが大切です。そのためには，辞書で調べることが最適な検索方法です。私たちが言い換えで迷ったり，言葉に詰まった時に，辞書を引くことで，意味を教えてくれるだけでなく，言葉と言葉の繋がりを示してくれるでしょう。

　言い換える力や考える力は，辞書などで多数の言葉を知ることによってできるようになります。言葉を多く知れば知るほど，その力は格段に向上するのです。具体と抽象，難易，言葉のニュアンスなど様々な表現や変換を可能にするためにも，多くの言葉を知り，文章を書く道具として持ち合せていたいものです。

◆演習問題③：ことば遊びで"言い換える"練習！

　次の説明を参考に□の空欄の中に，（　）内の字数で「あ」から始まる言葉を入れましょう。

①鍋料理をした時の上澄み……□□（2文字）

②（手紙などで）そうなった事情を説明した上で，先に述べたことを悪く取らないでほしいという気持ちを表す語句……□□□□□（5文字）

③間近にまで迫ってきた危機に危うく巻き込まれる寸前であったことを表す……□□□（3文字）

④よく似ていることを表す語句……□□□□（4文字）

◆演習問題④：一文要約で言い換える練習（抽象化）

次の文章は，ある親子の日常の会話です。この会話文を読み取り，一文に要約してみましょう。

> 子「あのね，昨日，学年で遠足に行ってね，水筒の飲み物がなくなっちゃってね，どこを探しても水道がなくてね，見ていたサオリちゃんがね，『よかったら，飲んでいいよ』って言ってくれてね，それで少しもらったらね，手が滑ってコップを川に落としちゃってね，それを見ていたコウジに『新しいのを買ってやれよ』って言われてね，それで……」
> 母「要するに，何の話？」
> 子「だからね，コップを落としちゃって，弁償しろよって，コウジが……」
> 母「要するに，あなたがコウジに文句を言われたということ？」
> 子「そう，まあ，そういうことなんだけど……」

上の例文では，「子」が「母」に何を伝えようとしているのか，分かりづらい会話文であることが分かります。さらにまだ，会話が続きそうな印象も受け取れます。

例のように，長々とした文章の場合，「一文要約」をすることで何を伝えようとしているのかがはっきりとされてきます。この例文の場合，

> 「サオリの水筒を失くしてしまったために弁償したい。」

という一文になります。

文章を読解する際にも，また作成する際にも，この「一文要約」は，国語表現力を身に付けるためには不可欠なスキルの一つです。

「一文要約」に欠かせない要素としては，主語と述語をしっかりとつかめ

るかどうかです。
　文章の骨組み（抽象）をつかむためには，余分な肉（具体）を削ぎ落す作業をしなければなりません。
　このように「一文要約」にかかわらず，「要約」をするということは，具体的な部分をカットしていき，抽象化をしていく作業のことを言うのです。

◆演習問題⑤：言い換える力を身につけよう！（抽象化と具体化）

　次の文章を読んで問いに答えましょう。

> 例）晴れだと思っていたら，雨が降ってきた。バスに乗り遅れると思っていたら，無事に乗れた。時間に間に合わないと思っていたら，間に合った。つまり，予想外のラッキーな展開が重なったのである。

問1）「晴れだと思っていたら，雨が降ってきた。バスに乗り遅れると思っていたら，無事に乗れた。」とありますが，この部分はどのようなことを伝えようとしているのですか。25字以内でまとめなさい。

問2）「予想外のラッキーな展開」とありますが，これは具体的にはどんなことですか。50字以内で書きなさい。

②比べる力
　私たちは，よく日常の何気ない時に比較をします。例えば，「A店とB店のどちらが安く購入できるか」「去年の今頃と今年では，どちらが暑いだろうか」という具合で，無意識のうちに比較をしているのです。
　文章を書く際にも「比べる力」という能力が重要です。しかし，単に日頃の延長で比較をしようとしては，読み手に伝わらないどころか，比較の原則から外れてしまうことになりかねません。

「比べる観点を揃えて比較する」ということを原則として，比較する対象を選びながら比べなければなりません。さらに，比較をするということは，自分が調査している事柄や主張したい内容が比較によって，基本的に際立たせるように比べることが大切です。

例えば，「あの人よりも，私の方が身長が低い。」と自分を蔑（さげす）むように，対象より落ち度を目立たせるような比較では，比べたところで，説得力を持たなくなってしまいます。例外としては，比較によって極端に低い（少ない）ことを立証させる場合もあります。しかしこれは，あくまで自説での主張すべき対象を際立たせる場合です。つまり，比較によって低く（少なく）することで，より説得力が増す時のみです。

そのため，「比べる力」というのは，

1）より説得力が増すような「的確な比較対象を見つけられる力」
2）比べる観点を揃えることで「上手に比べることができる力」
3）比較することにより「研究や対象を際立たせる文章（構成）力」

の3つのことを指します。

では，次の「タクシーとバスの比較（例文）」から，実際に比較のしかたについて見てみましょう。

〈悪い比較文〉

> 　タクシーは，急いでいて早く乗りたい，と思うような時に乗れない場合がある。バスはいつも定刻で運行しているから，便利なのはバスの方だから，バスの方が良い。
> 　それに，バスは，時間通りに着くから，大幅に遅れることはない。タクシーは料金も高く，他の客が並んでいたら，乗り遅れて時間が読めない。だから，私はバスを選ぶ。

※比較する部分が揃っていないため，単にタクシーを否定し，バスを肯定し

ているように受けて取れます。この例文は，感情論で比較している最も悪い例と言えます。

〈良い比較文〉

> まず，タクシーは，乗るまでに待たされることが多い。
> それに対して，バスは，乗るまでに待たされることが少ない。
> また，タクシーは，乗り降りの際の運転手とのやりとりで，待たされる場合もある。
> それに対して，バスは，乗る際か，降りる際の料金支払いは機械で行われるため，待たされることはない。
> だから，私はバスを選ぶ。

※比較対象にする項目を揃えることで，しっかりとした比較がされ，バスの良さの主張が際立っていることが分かります。比較するに当たり，余計な説明を入れないことも大切なことです。

コラム⑤：上級な文章は「言い換える力」と「比べる力」を上手に組み合わせている

　これまで見てきた「言い換える力」と「比べる力」の2つの力を上手く使いこなせるようになると，上級者としての文章が作成できるようになります。例えば，次の文章を読んでみましょう。

> サッカーとソフトボールは，どちらも走るスポーツである。
> しかし，一概に走るスポーツといっても，違いがある。
> 例えば，試合中を見ると，サッカーは走る量が多いが，ソフトボールは走る量が少ない。
> その点では，サッカーの方が，持久力のいるハードなスポーツと言えることが分かる。

　この例から，観点を揃えることと，型に当てはめることで堅実な比較文章を

作成しています。
　次の〈型の一例〉と比較しながら，下記の記号化した文章の構成を見てみましょう。

〈型の一例〉

【　A　】と【　B　】は，どちらも【　c　】。　→共通点の抽出（抽象化）
しかし，一概に【　c　】といっても，違いがある。　　　→逆接で展開
例えば，【　A　】は【　a　】だが，【　B　】は【　b　】である。
　　　　　　　　　　　　　　　　　　　　　　→相違点の対比（具体化）
その点では，【　d　】。　　　　　　　　　　　→主張を強める

---

③辿る力

「辿る力」は，文章作成には欠かせない時間の経過に関連したいくつかの重要事項を取り込むことが関係しています。

1）「時系列」を辿る

　例えば，大学に入学する際には，当然大学受験で合格をした経緯があり，さらに大学入試を突破するためには高校に入学するために奮闘し，高校での勉強に多くの時間と労力を費やしてきたはずです。
　このように，現在から過去へ時間をさかのぼったり，あるいは過去から現在に，そして未来に向かって進む時間の流れは，「時系列」という概念で考えることができます。時間は，止めることや巻き戻すことはできませんから，一定に流れる時間の中で，過去と現在を行き来するためには，文献や資料，記憶や伝聞など，あらゆる方法を駆使しなければ研究をすることができません。

２）「因果関係」を辿る

　大学に入学し，大学で学修に励んでいる背景には，必ずその過去と原因があり，それによって今現在の結果が伴ってきていると言えます。すべてにおいて原因と結果があるかどうかについては，賛否両論がありますが，少なくとも大学で学修すべき調査や研究では，それなりの「因果関係」が明確にされることが条件です。むしろ，調査や研究では，因果関係がはっきりしていることが原則です。

　例えば，理科の実験でも，「因果関係」によって実験結果が得られます。壊れやすいグラスを高い位置から落とせば割れるように，何らかの原因があることには，必ず結果が出現します。そして，文章作成では，この「因果関係」は接続語を用いることによって，時間を辿ることができるのです。その接続語とは「だから」と「なぜなら」です。

　下位の図を見ると分かるように，「だから」と「なぜなら」を的確に用いて，文章のニュアンスを微妙に調整することで，いつでも「時系列」で行き来することが可能になるのです。

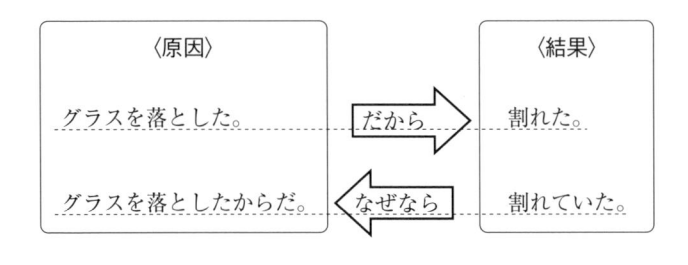

〈原因〉		〈結果〉
グラスを落とした。	だから →	割れた。
グラスを落としたからだ。	← なぜなら	割れていた。

３）「文章の順序」を辿る

　「時系列」や「因果関係」が理解できると，これらを文章を作成する際にも応用することができます。

第4章　文章を書くための考え方

> 　現象や事実に必ず時間の流れが存在しているように，文章の中でも「時間の経過」の順序を守らなければなりません。つまり，「時系列」の流れに沿って「因果関係」が分かるように，論理を展開していくことが大切なのです。

　このことを踏まえ，下記の学生のレポートの実例を見てみましょう。

〈悪い例〉（添削前）

> 　大学生になった今，留学を視野に入れて勉学に励んでいる。高校入試も同じように，苦労して勉強してきた。これまでの反省では，英語を中心とした語学修得が課題であると考えている。これは，中学生の時に英語が嫌いだったことも関係している。高校入試の時は，特に国語・数学・英語の3教科に力を注ぎ，苦手であった英語には特に悪戦苦闘した。今思うと，中学生の時の英語を疎かにしていたツケが今になって堪えているのだろう。

※注目すべきは，「中学・高校・大学」という「時系列」です。時間の流れがバラバラになり，文章の中で過去と現在を行き来してしまっています。読み手は，タイムスリップしているように感じ，混乱してしまいます

〈良い例〉（添削後）

> 　中学生の時，英語が嫌いだったことで，英語を疎かにしていた。高校入試の時は，特に国語・数学・英語の3教科に力を注ぎ，苦手であった英語には特に悪戦苦闘した。このようなツケが大学生になって，堪えていると反省している。そのため，英語を中心とした語学修得が課題であると考え，大学生になった今，留学を視野に入れて勉学に励んでいる。

※文章の流れを作者の実際の時間経過に基づき並べ換え，校正することで読

みやすく，分かりやすい文章へと修正しました。

　上記の2つの例を比較して分かるように，同じ内容を書いていても，あるいは内容が申し分のない出来栄えであったとしても，正当な「時系列」や「因果関係」を辿らなければ，読み手の印象が書き手の予想するものとは全く違ったものになることを注意しておきましょう。

コラム⑥：例外の"だから"と"なぜなら"

「だから」と「なぜなら」は，因果関係を結ぶ重要な役割を担っていますが，時に省いても伝えることができます。それは，読み手にとって「一般常識」であることや，「当然」と判断される場合です。この時に注意しなければならないことは，自分の常識や当然を押し通すのではなく，相手の常識や当然を想定することです。つまり，「主観」という視点ではなく，「客観」という視点で文章を作成するのです。下記の2つの例を見て下さい。

例）A　雨が降り出しそうだ。だから，傘を持って出かけた。
　　　　傘を持って出かけた。なぜなら，雨が降り出しそうだからだ。

　　　B　信号が青になった。ゆっくり横断歩道を渡った。
　　　　信号が赤だった。青に変わるまで待った。

　例文のAとBを比較して分かるように，Aのように「だから」と「なぜなら」を必要とする場合と，Bのように「だから」と「なぜなら」がなくても伝わる場合とがあるのです。書き手として注意すべきことは，その「一般常識」と「当然」は，常に読み手に判断が委ねられているということであり，書く際に読み手を想像して，伝えることができるかということを想定して書くことが大切なのです。

◇語順によって"違い"が出る

　文章の印象を強めたり，違いを持たせる，あるいは説得の効果を高めるな

ど，文章の精度として高める場合には，「語順を入れ替える」作業も大切です。

　語順を並べ換えることによって，より丁寧になったり，個性が出たり，語調が強くなったりと，いかようにも表現のしかたが工夫できます。ここでは基本的な語順と簡単な解説について挙げておきましょう。

〈基本語順〉

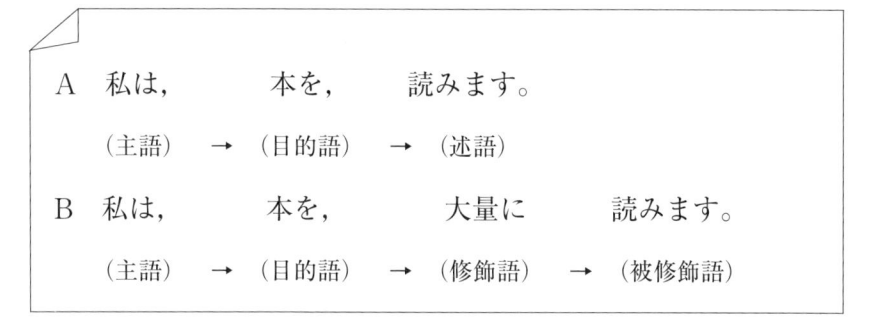

```
A　私は，　　本を，　　読みます。
　　（主語）　→　（目的語）　→　（述語）

B　私は，　　本を，　　大量に　　読みます。
　　（主語）　→　（目的語）　→　（修飾語）　→　（被修飾語）
```

※Bに「大量に」という修飾語が加わることにより，Aでは述語であった「読みます」が，Bでは被修飾語に変化しています。

〈等価による違い〉

```
A　太郎は国語・数学は好きだが，理科・社会は嫌いだ。
B　太郎は理科・社会は嫌いだが，国語・数学は好きだ。
```

※同じ意味を述べているのですが，印象と伝わり方が異なってきます。
　このような文章を「等価による比較」と言いますが，どちらの場合も，後半部分が強調されています。等価によって強調したい場合は，一文の後半部分に持ってくるとより良いでしょう。

〈欠点を置く場所〉

> A　太郎は優しいが，見栄っ張りだ。　→否定的な印象
> B　太郎は見栄っ張りだが，優しい。　→肯定的な印象
>
> ※Aの方が否定的な印象を受け取れることが分かります。このように一文の中で「肯定」と「否定」を並列させる場合は，後半が強い印象を与えます。語順によって与える印象も変わりますので，注意しておきましょう。

〈概要説明を前に〉

> A　○今期の売り上げは3000万円，うち800万円は紳士服，500万円は婦人服……であった。
> B　×今期の売り上げは，うち800万円は紳士服，500万円は婦人服……合計3000万円であった。
>
> ※Aの方が分かりやすいことに気づくでしょう。長文の場合，結論や事実，主張などは，初めに持ってくると分かりやすいです。概要や重要事項を説明する場合，文章の前半に挙げることで，相手が理解しやすくなるのです。

〈強調したい順番で〉

> 例）私が所有している資格は，<u>中学高校教員免許</u>，<u>英検1級</u>，<u>簿記検定2級</u>，<u>漢字検定2級</u>の4つである。
>
> ※自己アピールの際の資格所有の説明ですが，自分が強調したい順に並

べていくことが前提です。これと同じように，どの文章でも強調したい事柄（「等価」以外）は，基本的になるべく前に置くようにすることで，相手の受け取り方が変わってきます。

チェックリスト②：考えるための10項目（基礎知識）

①言い換える言葉を探し，例えてみる
②テーマから思い浮かぶ共通の内容を羅列する
③共通点と相違点を比較する
④具体と抽象を挙げ，何度も行き来する
⑤新しい自分の考えを想像する
⑥課題や題材に対する自分の意思を確認する
⑦課題や題材に対する社会の見解を確認する
⑧「なぜ？」と問いかける
⑨「もし……ならば，」と仮定して考えてみる
⑩全体と部分で視点を変えて捉える

◆演習問題⑥：説得を意識した文章を考えよう！（『ピアで学ぶ大学生の日本語表現』より抜粋）

次の二つの文章を読んで，読み手は十分説得されるだろうか。問題があるとすれば，どこを改善すべきだろうか，それぞれ指摘しなさい。

① 　ボランティアを学生に義務化することに賛成する。第一の理由として，ボランティア精神ははじめから人の中に存在するのではなく，徐々に育つものだからだ。私は，高校生のときボランティアを学校でやらされたが，最初は文句を言っていた友だちも次第にそれが楽しくなってきたと，昔，言っていた。誰でもそういうものだろう。だから，

最初は強制的にやらされていても，だんだんボランティア精神が心の中で目覚めると考えられる。

② 携帯電話の電磁波は人間に悪影響はない。株式会社 MTT ドコデモのホームページによると，携帯電話の電磁波が人体に影響を与えているというデータは存在しないということだ。その他株式会社ソルトバンクや株式会社 abu のホームページでも同様の記述が見られた。

論理的思考力を養う

◇分析的理解と比喩的理解

「『分かる』とは，少なくともそれに関して2つ以上の説明の方法を持つこと。それができたとき，はじめて私は『本当にわかった』と感じる」

リチャード・P・ファインマン（1918-1988）

　物事を理解するということは，少なくとも2通りの説明ができなくてはなりません。その2通りの理解の方法として，分析して理解する「分析的理解」と，別のものに例えて理解する「比喩的理解」があります。
　「分析的理解」は，複雑な「あること」を自分が知っている要素に分解し，その要素間のつながりに矛盾がないことを確かめて，納得する方法です。複雑な機械も分解をして部品を見れば，なぜ動くかが分かるように，要素に分けてみることで，すでに頭にある論理にはまり，要素間のつながり方と対応がつきます。こうして要素が集まって納得したと判断し，理解するのです。
　「比喩的理解」は，納得したことが「すでに自分がよく知っている別の物

事（構造・性質・現象）」に似ているので，その仕組みに当てはめて推測して理解します。これは，「分かったつもり」になることがあるので注意しましょう。なお，このように別のものに例えるためには，要素が分かっていないとできないため，ある程度の分析的理解がすでにできている。

物事を理解したいときは，まずはその事柄が「要素をバラバラにできるか」「自分の知っているものに例えられるか」ということをチェックすることが第一歩となるのです。

また，物事を理解する上では，「なぜそれが必要であるのか」という理解したことによっての必要性や用途，「理解したことによってどうしたいのか」という理解から生まれるビジョンなど，自身の今後に照らし合わせながら，先のことを想定した学修が必要でしょう。

さらに，文章を書くことも，物事を理解するという理念を踏まえるのであれば，自分が用いた語句や言葉自体に責任を持つと同時に，その説明責任があるというという2つの認識が必要です。さらに，観念的や抽象的な説明ではなく，具体的で論理的な説明が出来るようでなくてはならないのです。

コラム⑦：情報と能力

勉学というと，高校までは受験を目指し，大学に入ると単位修得を目指すというのが，最も分かりやすい図式でしょう。しかし，大学生として学術研究や社会人を意識するために，大学に在籍するうちに，勉学の方法も備えていかなければなりません。

他大学も含めた大学生の大きな差異は，「情報と能力」といった知識の貯蓄量とその運用能力の違いなのです。しかし，知識と言っても単なる丸暗記ではなく，見聞や伝聞，読解など，学修してきた他人の知識を自分の貯蓄として得るものです。そして，その知識を引っぱり出すことや，つなぎ合わせること，加工や工夫を施せる運用能力等が大切なのです。この運用次第で，また新しい知識となり，自らの思考や研究の成果が表れていきます。

多くの科学者も，大衆が良かれと思うことに疑ってかかり，新たな発見を目指して，思考錯誤を繰り返します。これは他者にかかわらず，自分が納得できる解答を探し求めているのです。

大学の学修に限らず，学生として，あるいはその先の社会人としても，自ら

の判断や意見を求められる時があります。大学の学修経験から培う「情報収集力とその運用能力」を活かして，自分の意思で，明確な意見を述べ，的確な判断が下せるよう，考え抜いてみることが大切です。

◇問題分析を構造化する

　文章を書くという作業は，一つの見方として，課題や問題を分析するための作業でもあります。文章の中で「問題分析」を行うためには，具体的なプロセスを踏む必要があります。

　本来，「問題分析」というと，まず調査に出かけ，色々な場所と手段で得た事実や数値を一カ所に集め，そこで初めてそれらの意味するものを考え始めるというやり方が妥当でしょう。

　もちろん，こうしたやり方も間違いではありませんが，これでは無駄な作業が多くなります。これは，問題分析の一般的なプロセスが，①データを収集し，②調査結果を述べ，③結果を導いた後，④行動を提案するという方法に準ずるものだからです。しかし，実は結果や行動を「最も効率的に」生み出せるようにするには，データ収集や調査に取り掛かる前の作業が重要になります。

　この場合，文章の書き手は，調査者ともなりますが，調査にとりかかる前に，初期のデータ収集作業の方法をよく考えて構造化し，論理的に首尾一貫した調査結果が得られるように工夫する必要があります。さらに，その調査による結果が，どのような結論を導き出し，果てにはどういったことを主張し，読み手を納得させ行動させるかという仮説を立証するのです。このように先のことを見据えたプロセスを踏むことが，データ収集や調査の無駄を省くだけでなく，文章の邪魔な部分を削ぎ落とすことにもつながるのです。

　そのためには，次に挙げる留意点を押さえながら，データ収集や調査に乗り出すことが大切になります。

> ①いくつかの仮説を設定する。
> ②誤った仮説を捨て，正しい仮説を選定できるように，仮説の実験装置を考案する（仮説が妥当なものかどうか）。
> ③仮説を証明する明確な結果が得られるまで実験（妥当性のチェック）を繰り返す。
> ④証明された仮説に基づき，望ましい行動を提案する。

　ここで大切なことは，単に結果を導き出すだけではないということです。
　言い換えると，「なぜその問題が存在するのか」「それを裏付ける理由を仮説的に考えておく」ということです。そして，データ収集や調査の作業が，これら理由の検証に役立つものかどうかに注視するのです。時には，収集や調査の途中段階で，現行の収集・調査が無駄なものと判断できる可能性もあります。
　問題原因の理由づけが妥当だという確信を持つことができれば，そこで初めて，問題原因を取り除くための創造的な解決策提案の体制，つまり「あなたの文章による分析プロセスの提示」が整ったと言えるでしょう。

◇二つの知識　「暗黙知と形式知」

　私たちの知識には，解釈の一つとして，「暗黙知」と「形式知」があります。これは，自分の中に留めておく知識（暗黙知）と，知識を発信するために何らかの形にする（形式知）の2つの分類です。いわば，受信した知識と知識発信のための方法というものです。世の中に無数に溢れる情報を知識として受信し，取り込むことで暗黙知が蓄積され，その内なる暗黙知を文章や言語として，形式化することで形式知として発信されるのです。
　暗黙知は，見聞や学修などによって培うものであり，知識を貯蓄していくために，単に記憶力が必要なのではなく，論理的理解力と論理的思考力（2つをまとめて論理力と言えます）が必要とされます。そして，この暗黙知を増やすことや拡げることに加え，形式知として文章化や言語化など，あらゆる発信

力を養い備えてこそ，文章術という一つのコミュニケーション・スキルを身に付けることができるのです。

　これら論理力は，暗黙知として知識を貯め込むための文章読解に必要な能力であり，また形式知として文章表現や会話表現などに必要な能力でもあります。したがって私たちの身体で行われているような，見聞を脳で理解し，言語として発信する作業（話すこと）と同じように，暗黙知を介して形式知に変換していく作業が重要なのです。この形式知にまで到達して初めて大学生に課せられている学術という学問を進めることになるのです。

　このような暗黙知から形式知へ移行させるプロセスを習得するためには，①絶えず研究・学修による受信作業を怠らないこと（インプット・スキル），②日頃から思考を繰り返すこと（論理的思考力），③文章化や言語化などのコミュニケーション・スキルを体得すること（文章表現・会話表現），④発信力を磨くこと（アウトプット・スキル）という4つの工程に分けて理解していくことが大切です。

◇原因と結果という科学的思考〜思考パターン　その1〜

　因果関係を理解するためには，原因と結果の両者における考え方が重要になります。また，この原因と結果の関係を確定づけるためには，科学的思考の三原則が必要になります。

　文章を書く上でも因果関係を示すことと，そのための科学的思考が伴うことで，論理の明確化が図れます。

①原因は必ず結果の前にある

　例）スイッチを切ったため，部屋が暗くなった。

　※文章としては，その逆を「部屋が暗くなったのは，スイッチを切ったからだ」と表すことができますが，事実としては，スイッチを切る⇒

> 部屋が暗くなる，という関係が成り立っており，この順番は絶対に覆りません。

②原因と結果は共に変化する

> 例）信号が赤になれば，車は止まる。青に変われば，車は進む。

③重要な原因が必ず存在する

> 例）今晩からの雷雨により，時々停電しているようだ。我が家の電力消費が原因ではない。
>
> ※結果の原因を究明することは，論証において重要です。
> 原因には，一定性と確然性の性質があり，真の原因以外に他の要因は影響しません。もし，複数の原因がある場合は，さらに深い真相や最も重要な原因を探せるはずです。

◇演繹法と帰納法　～思考のパターン　その2～

　人は物事を考える際，思考パターンを作り，考えを巡らします。
　その思考パターンの一つには，「演繹法」と「帰納法」があります。前者は，前提から推論を行う際，理論的に考えられた一般的法則を現実の特定の場合に当てはめることを言います。例えば，三段論法のことを指します。
　一方後者は，現実の事例から出発し，観察から一つの結論を導いていく作業を「帰納法」と言います。つまり，個別の事実から一般的法則をつくることです。例えば，化学の実験のことを指します。
　このような理論は，理解し意図的に用いることで，思考でも文章でも質の

向上が図れます。
　まず，下の２つの例を眺めてみて下さい。

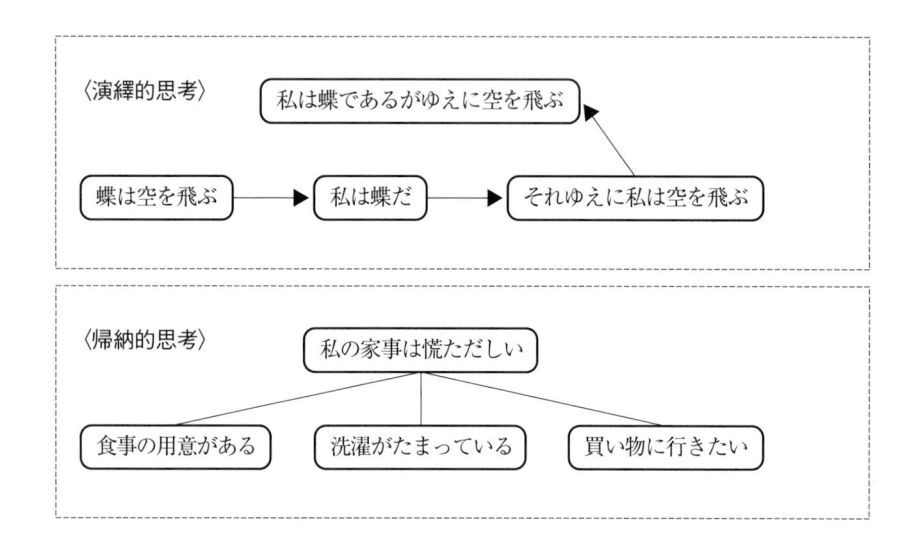

```
〈演繹的思考〉
　　　　　　　　私は蝶であるがゆえに空を飛ぶ
　蝶は空を飛ぶ → 私は蝶だ → それゆえに私は空を飛ぶ

〈帰納的思考〉
　　　　　　　私の家事は慌ただしい
　食事の用意がある　洗濯がたまっている　買い物に行きたい
```

　両者の違いがかなりはっきりしていることは一目瞭然です。しかし一度この違いを理解すれば，どちらの思考法であるか，そのパターンを選り分けることは簡単な作業になります。
　このような２つの思考パターンを身に付けることにより，文章において「どちらを使えば自分の伝えようとすることを明確に表現できるか」という選択も労せずしてできるようになるはずです。
　私たちは，物事を考える際，自然と一般的に好まれ，扱いやすい「演繹パターン」を用いようとします。この演繹的理思考を選択する理由は，帰納的思考よりも論理を組み立てやすいということでしょう。しかし，考えを深める上で有効な方法である反面，書くという側面から見れば多少困難を伴う方法とも言えます。
　演繹的思考は，通常，三段論法の形で表現されます。これは，２つの前提（大前提と小前提）を立てた後に結論が導かれる論証方式です。この方法ではまず，以下３つの要件を満たされるように考えることが必要です。

> ①まず世の中に実在する状況について述べる
> ②次に、同時にもうひとつ世の中に実在する関連状況について述べる
> ③同時に世の中に実在する上記２つの状況が意味することについて述べる

つまり、二つの事実が重なり合い、結びついた結果、新説を提言するということです。数式でいえば、「A＋B＝C」という加法に似た形です。他にも、数学の証明問題のように「Aを主張するために、Bという事象や事実を取り上げ、それゆえにCという結果がもたらされる」という形にも応用できます。

演繹法でレポートを作成した場合、どのようなことを読み手に強いることになるでしょうか。

例えば、あなたが読み手に対して、何らかの変化が必要なことを説くとしましょう。その場合、次の例のように構成されるでしょう。

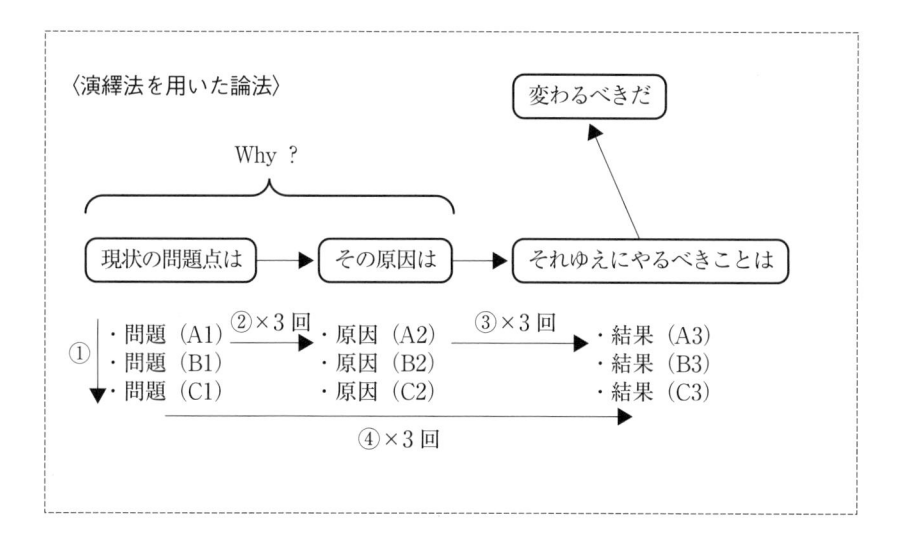

〈演繹法を用いた論法〉

Why？

現状の問題点は → その原因は → それゆえにやるべきことは → 変わるべきだ

① ↓
- 問題（A1） ②×3回 ・原因（A2） ③×3回 ・結果（A3）
- 問題（B1）   ・原因（B2）   ・結果（B3）
- 問題（C1）   ・原因（C2）   ・結果（C3）

④×3回

書き手の理由づけを理解するために，読み手はまず，①問題Ａ１－Ｂ１－Ｃ１の事柄を理解し，それを頭に入れておく必要があります。これは大した作業ではありません。しかし，次に，②最初の問題Ａ１を取り出し，それを原因Ａ２と関連づけることを読み手に要求しなければなりません。

次に，Ａ１〜Ａ２を読み手の頭に保管してもらった上で，さらに同様の関連づけを，③ＢとＣについても行ってもらわなければなりません。そして最後にもう一度，同様のプロセスを繰り返してもらいます。ここでは，④問題を記した最初のＡ１をその原因であるＡ２に連結し，そのやるべきことを記した３番目のＡ３に連結してもらうのです。同じ作業をＢ，Ｃについても要求します。

このことにより，読み手は，何をすべきかを知り，また理解するために大変長い時間を費やさなければならないだけでなく，知りたいことを得るまでに，問題解決プロセスを何度も繰り返す必要があります。まるで書き手が，「私はこの結論を得るのに大変な苦労をした。この苦労をあなたに是非分かってもらいたい」とでも言っているかのようです。しかし，同じメッセージを帰納的に表現すれば，誰にでも簡単なものとなるのです。

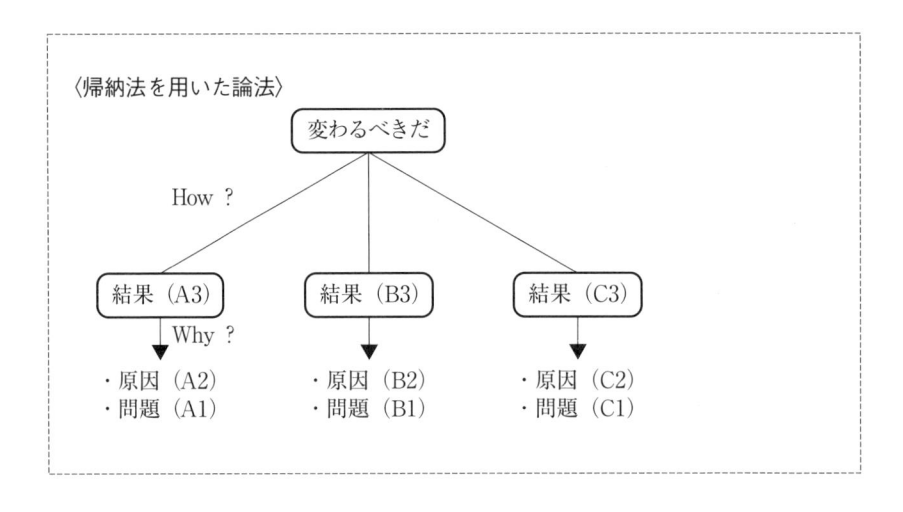

〈帰納法を用いた論法〉

```
                    変わるべきだ
                   /     |     \
              How?/      |      \
                 /       |       \
            結果(A3)   結果(B3)   結果(C3)
               ↓         ↓         ↓
           Why?
           ・原因(A2)  ・原因(B2)  ・原因(C2)
           ・問題(A1)  ・問題(B1)  ・問題(C1)
```

帰納的思考では，いくつかの異なる考え，出来事，事実などが何らかの点

で似ていることに気づくことで，それらをひとつのグループにまとめ，その類似点の意味について意見を述べます。

　帰納的思考を上手く使いこなすためには，演繹的思考よりもはるかに難しい点が，より創造的な思考の働きを必要とすることです。

　ここでは，演繹的思考とは逆に「Why？（なぜ）」の質問に最初に答えた上で次に「How？（どのように）」に答えるという順序をとります。つまり，自分の考えを分野ごとに分け，明確化しているのです。帰納的思考は，読み手の疑問に直接的に答えられると言えます。2つの思考は，単に並べ方が異なっているだけで，実は機能上，同じ性質を持っています。

コラム⑧：批判的視点とネガティブな思考は紙一重！？

　批判というと，反論や否定論のようにも聞こえ，とかくネガティブな思考へと移行しがちです。

　例えば，友人同士で討論し合っている場面でも，反対意見というのは，一つのマイナス情報です。場合によっては，反対意見を出した者が非難を浴びることにもなりかねません。しかし，批判に耳を貸せるようになったとき，書き手の思索は一段と深まっていきます。なぜなら，反対意見を聞くことは，批判論者である他人の内面に直接アクセスし，異論や他説を知ることになるからです。時に家族が身内に対して"辛口"な評価をしても，家族だからこそ受け入れられることがあります。

　他にも弁護士の場合，マイナス情報を収集することが極めて重要になります。優秀な法律家ほどマイナス情報や異質な情報を集め，凡庸な法律家ほどプラスになる情報を集めるものです。弁護士は，多くの反対意見を吟味することで，交渉や裁判において，相手の出方を読みやすくしているのです。これは，ビジネスにおいても，よりよい解決策をつくりやすくすることと共通しています。

　このように普段聞き慣れていない"不快な意見"に耳を傾けることは，忍耐を要します。しかし，この批判こそが自分のメリットになるため，自分の感情を殺してでも歓迎すべき情報の一つなのです。

　文章でも，読み手の批判的な考え（反論）を予測できれば，事前に文章として準備することが可能です。自分と異なった見解を知った上で自論を貫いていくのであれば，その論拠や論理は揺るがないものとなるはずです。

チェックリスト③：文章の表現技術を磨く　～まとめ編～

　文章表現には、「レトリック」という欠かせない能力があります。つまり、言語表現技術のことです。この「レトリック」は、修辞学とも言い換えることができ、「言葉を効果的に使い、適切に表現すること。またその技術」のことを指します。
　文章表現において、この「レトリック」を自在に使いこなすためには、修辞の技術として身に付けておかなければなりません。
　ここでは、文章の「レトリック」として、8項目の技術を挙げます。これまで述べてきたことも含まれていますが、これらを意図的に文章作成に活かせるようにしましょう。

①修辞を理解し、意識的に用いる
　本著に掲載している文法的な要素も含め、文章表現に関係するあらゆる知識を理解し、そのスキルを習得すると同時に、文章作成時に意図して用いるということです。

②可能な限り、簡単でわかりやすい文章にする
　文章は、専門的用語を並べ難解にすれば良いというものではありません。読み手を理解させることを最優先に考えた誠意ある文章を心がけましょう。

③修飾語（修飾部）が文章の質を上げる
　説明や説得には、修飾語を用いて詳しい情報を入れることが必要です。修飾語を明確にし、上手に用いて、より高度な文章表現を目指しましょう。

④語順をコントロールする

一つの内容でも伝え方は何通りもあります。文章の中で，語句を入れ替えたり並べ替える作業に，こだわりを持てるようにし，語順を操れるようになりましょう。

⑤言い換えることでネガティブがポジティブになる
　「物は言いなし事は聞きなし」ということわざがあるように，言葉や表現を多彩に使いこなせれば，いくらでも言い回しは可能になります。

⑥比喩表現で分かりやすく
　理解を得たり，より分かりやすくするためには，いかにして比喩表現を使いこなすかということでもあります。知識の引き出しを増やし，多くの比喩表現を使えるようにしましょう。

⑦対比・比較で自分を高める
　主張や説得で簡単な方法は，自分を高める比較を用いることです。対比・比較においての原則を理解した上で，効果的な対比表現を使いこなしましょう。

⑧反感・批判を持たれないような文章
　文章を書けば，それについて批判されることは当然のことです。その批判が，また新たな研究を生むのであり，100％批判されない文章を書くのは，不可能に近いことです。しかし，反感を持たれたり，読み手を不快にさせるような文章を書かないように注意しましょう。

コラム⑨：書く内容を発見するための"発想"

いざ文章を書こうと意気込んでも，書く内容がなかなか思い浮かばず，筆を握った時点で悪戦苦闘が予想される場合もあります。「発想」というのは，日頃の生活や学修の中から自然と浮かび上がるものでもありますが，意識的に「発想」を起こすことも必要なのです。

文章を書く場合の「発想」は，①話題や主題の探索・発見，②試験や課題，問題の詳解，の2通りです。つまり，「書きたい文章」と「書かなければならない文章」の2種類ということです。

これは，大きな分類ですから，その中には抽象的なものから具体的なものまで，様々な文章が存在しますが，書き手の認識としては，「願望と必然」とに認識して分けておく必要があります。

大学生として文章を書く場合，大半が「書かなければならない文章」ですから，「必然」の文章ということです。単位修得や卒業を目指した必然的な文章作成であることには間違いありませんが，聴講や学修を経て，この作業が「必然」から「願望」に変化してくると，また違った文章表現が可能になるかもしれません。

◆演習問題⑦：文章を並べ換えよう！　Part 1　（『大学生のための文章表現入門』より抜粋）

次の①～⑤の文は，どれも二通りまたは三通りに読める。どの部分がどの部分にかかっているかをはっきりさせて，①～③は二通り，④⑤は三通りの文を作りなさい。ただし，読点は使わないこと。

①楽しそうな学習塾の生徒と話す。

②私は泣きながら去っていった彼女を見送った。

③私は彼女のように明るくない。

④兵庫県と京都府の一部に被害があった。

⑤彼は，彼女の両親に対する結婚の許可を取り消した。

◆演習問題⑧：文章を並べ換えよう！　Part 2　（公務員試験過去問より）

「　」で囲った文に続くように，次のA～Gの意味が通じるように並べたとき，その順序として妥当なものはどれか。

「科学的な見方の特徴は，ものごとを純粋に客観的にとらえようとするところにある。いいかえれば，科学はだれでも異論がなく一致して認めるような確実な知識を追求する。」

A　したがって，哲学においては，自分自身にかかわる問題として主体的に問うという態度が何よりも大切であって，この態度がなければ，先人の見いだした真理も意義ある言葉として語りかけてくることはないのである。

B　これに対して，哲学は，この人生，この現実が全体として何であり，またいかにあるべきかを問題にする。

C　しかしこのような知識は，現実の全体を考察するのではなく，現実の一側面に限定して考察する場合にだけ可能になる。

D　このようなことがらは，純粋に客観的な知識とはなりえず，各人一人ひとりがみずからの人生を生きつつ，それに向かって問う中で明らかにされていくことである。

E　ところで，科学的な知識がだれでもが一致しうる確実な知識であるということは，科学に進歩が可能な理由でもある。

F　科学が常に，物理学，生理学，心理学などのように特定の事象についての科学であるのはそのためである。

G　なぜなら，科学的知識はその獲得にどれほどの時間と労力がついやされようと，一度発見されてしまえば，それはそのまま万人のものとなり，後世の人はそれを前提として先へすすむことができるからである。

〈選択肢〉
① B→E→F→G→C→D→A
② C→D→E→B→F→A→G
③ C→F→E→G→B→D→A
④ D→C→E→B→F→A→G
⑤ D→E→C→F→B→A→G

（平成19年警視庁）

〈学生実例レポート②〉　　評価：Ⓐ優，Ⓑ良，Ⓒ可，Ⓓ不可

課題：「デューイの『学校と社会』第1章から第3章までを精読し，デューイの意見に対する自分の考えを述べなさい。(2,000字程度)」

　我々は，教育を考える上で，「学校」という組織について，社会での存在価値や社会的地位をさらに理解しなければならない。文部科学省は，平成13年に発表した『21世紀教育新生プラン』の中で，「教育改革の今後の取組の全体像を示すものとして，「学校が良くなる，教育が変わる」ための具体的な主要施策や課題及びこれらを実行するための具体的なタイムスケジュール」を明らかにしている。その中には，「新しい時代に新しい学校づくりを」という項目もあり，学校教育の改革のために施策を設けている。このことから現代の教育を考える上では，家庭教育と並び学校教育の改革を進めることは必然といえる。
　現代の教育の現状をみると，いじめ，不登校，校内暴力，学校崩壊など，学校に関する深刻な問題を多大に抱えている。そのため学校教育の改革の一つとして，学校の「教育力」を向上させることは急務であると考えられる。
　J・デューイ（以後，デューイ）も『学校と社会』の冒頭で，学校の存在を「個人的見地から，教員と生徒または教員と両親とのあいだの或るものとしてながめがちである。」というように，我々の学校に対する誤った見解を指摘している。
　学校は，家族をはじめとする多くのものと，社会の中の「縮図としての社会」であり，教育のみを専門としている他には類を見ない機関である[1]。子どもたちは，この教育を目的としている社会の中で，基礎・規範をもとに様々な事柄を学んでいく。
　また前述した教育に関する問題が多発しているように，学校が社会情勢の影響を多大に受けているのも，組織としては他にないであろう。しかし社会情勢や教育上問題が影響を及ぼそうとも，学校の持つ基本的な

教育目的は変わらないはずである。

　子どもたちは，それまで家庭でしか受けてこなかった個別的教育とは異なり，学校において集団的教育を受けることとなる。教育環境の変化によって，学校・教室という集団の中で，様々な有益な教育を享受されるようになる。

　その学校で享受される教育の一つに，学習がある。

　デューイは学校で習う学習については否定的であり，その理由を「復誦」目的としているためであると述べる。確かに学習をする上で，子どもの成長をはかるため，「復誦」という方法を用いることが多い。これは，課題や試験といったものにも，置き換えられることもある。しかし，これらはあくまでも子どもの成長をはかるといった手段に用いられるだけであり，復誦や暗記が目的ではないはずである。

　デューイはまた，学校の目的を，「社会的協力と社会的生活の精神を発達させる[1]」という社会的な広い視点と共に，学校に「関与する人びとにとって，成長の場でなければならない[1]」といったように，学校に関わる当事者についても述べている。これはつまり，教員にとっても，生徒にとっても，成長を目的とした教育環境がなくてはならないということである。

　このように学校は，訓練を目的としているのではなく，手段としての訓練があり，本来の目的は他に位置しているのである。学校の役割は，単に学問を習得するだけの場所ではない。学校は，社会の中に存在する小さな社会であり，子ども特有の社会の中で生活し，人間形成され，成長していくことを目的としているはずである。

　またデューイは学校の果たすべき教育を，「読み・書き・算の能力の上達や，地理・歴史の知識の増大や，行儀作法のよくなることや，敏活・勤勉の習慣のこと」と述べている。そして付け加えるならば，教員が，それぞれの子どもが持っている関心・感じ方・考え方・行動の仕方を伸ばせるような課題や教材を整理・提示することである。

　これらが学校本来の目的であるといえる。この目的に由来する教育は，学校のみに見られる特有の不動教育であり，現代に見られる特徴的な教

育上の問題が多発しようと，変わることのない役割である。

　また一方で，学校が社会の一部として既存し，社会貢献という使命を担っていることは否めない。しかしその貢献は，直接的に貢献を目的としているのではなく，間接的に学校での成果が社会に貢献をもたらすことである。

　学校は，訓練し，奉仕の精神をしみこませることよりも（2,純粋に子どもの技量や人間性を伸ばすこと及び教養の成長に力を注ぎ，やがて子どもたちが自然のうちに，社会に貢献することを期待するべきである。そのために，教材・方法・時間といったものを費やし，犠牲にしていくのである。

　デューイ自身が「学校と社会」を書き上げていく過程で，少しずつ教育理論が改善されていくように，子どもも教育も相互的に成長していかなければならない。

　我々は，学校本来の役割を見出すことで，子どもと教育者及び学校が，相互的に成長できる理想的な環境を整備しなければならない。

(1,945字)

〈参考文献〉
1）杉浦宏著『日本の戦後教育とデューイ』世界思想社，1998
2）ルソー著，今野一雄訳『エミール』岩波文庫，1962
　　對馬登著『デューイの経験的自然主義と教育思想』風間書房，2005

あ と が き
〜人生経験が国語表現力を高める〜

　大学での学びのすべては，人生に直結しています。入学してすぐ，大学の学修に戸惑いながらも，講義で理論を「聞く」こと，ゼミナールや演習では「話す」こと，自分一人で孤独に著書を「読む」こと，そして文章を「書く」ことと段階を経ながら，自然と学修の質も向上させていきます。

　大学で築かれる人間関係では，友人だけでなく，先輩や後輩，あるいは OB との関わり合い，さらには教員や職員，そして大学周辺の地域の方々と，多種多様になっていきます。

　このように大学で経験できるすべての学びが，これから社会に出ていくための出発点になるのです。大切なことは，大学で履修・研究する学修のみならず，あらゆる人間関係においても，自分の人間形成に必要不可欠な成長要素であることを自覚し，意識し続けていくことです。

　本著で示してきたことは，コミュニケーションを円滑にするための技術でもあります。これまで文章表現の習得について，論法や構成など詳しく述べてきましたが，これは長い文章を書くためには，苦学を強いられることが予想され，経験と技術を要することからも，少しでも書き手に書きやすく伝え，文章作成を敬遠してもらわないためです。したがって，本著の内容は学びの出発点にしていただき，大学生らしい自修に努めるようにして下さい。

　大学の学びは専門科目だけではありません。基礎でもある教養科目の学修を疎かにせず，充実した学びを実践していくことで，社会に向けて新たな人生経験の第一歩となるのです。

　将来への希望と活気に満ち溢れている学生のみなさん，この大学 4 年間での「人生経験と人間形成」を携え，さらなる成長を目指し，社会に向けて羽ばたいていって下さい。

リーディング・ガイド
（大学での文章表現における簡単な参考文献）

◇大学での学修そのものに悩んでいる学生へ
　佐藤望編『アカデミック・スキルズ──大学生のための知的技法入門』慶應義塾大学出版会，2006
　浅羽通明『大学で何を学ぶか』幻冬舎文庫，1996
　中谷彰宏『大学時代しなければならない50のこと』PHP文庫，2000

◇大学での国語表現に悩んでいる学生へ
　後藤武士『読むだけですっきりわかる国語読解力』宝島社，2009
　中井浩一『正しく読み，深く考える日本語論理トレーニング』講談社現代新書，2009

◇大学での文章表現全般で悩んでいる学生へ
　外山滋比古『文章を書くヒント─名文の秘訣から手紙の作法まで』PHP文庫，1997
　速水博司『大学生のための文章表現入門』蒼丘書林，2002
　速水博司『大学生のためのレトリック入門』蒼丘書林，2005

◇大学でのレポート・論文作成に悩んでいる学生へ
　小笠原喜康『新版大学生のためのレポート・論文術』講談社現代新書，2009
　戸田山和久『論文の教室　レポートから卒論まで』NHKブックス，2002

主要参考文献・資料
柴田敬司『現代文解法の新技術』桐原書店，1996
速水博司『大学生のためのレトリック入門』蒼丘書林，2005
米田明美ほか『大学生のための日本語表現実践ノート』風間書房，2005
桑原聡ほか編著『現代文要旨要約問題〈新版〉』京都書房，2009

福嶋隆史『「本当の国語力」が驚くほど伸びる本』大和出版, 2009
木下是雄『レポートの組み立て方』筑摩書房, 1994
山田ズーニー『伝わる・揺さぶる！文章を書く』PHP研究所, 2001
中井浩一『日本語論理トレーニング』講談社現代新書, 2009
江川純『レポート・小論文の書き方』日経文庫, 1998
戸田山和久『論文の教室』NHKブックス, 2002
公務員試験小論文研究会編『小論文直前攻略法』公職研, 2007
公務員試験小論文研究会編『採点者が教える論文上達講座』公職研, 2008
今野一雄訳『エミール（上・中・下）』〔全3冊〕岩波新書, 1962
マックス・ギュンター著, 林泰史監訳『マネーの公理』日経BP社, 2005
D・カーネギー著, 山口博訳『文庫版　人を動かす』創元社, 1986
外山滋比古『思考の整理学』筑摩書房, 1986
齋藤孝『「頭がいい」とは, 文脈力である。』角川文庫, 2009
藤原正彦『祖国とは国語』新潮文庫, 2006
加藤周一『私にとっての20世紀』岩波書店, 2000
「あすへの話題：楽難」（『日本経済新聞』2012年7月10日夕刊）

演習問題解答

p.25〈学生実例レポート①：添削コメント〉
・しつけ，遊びという2つの焦点から，昔の子どもの状況について明らかに出来ていると思います。
・現代的状況とともに，何故そうした状況が生まれてきたのかの要因についても考えることができています。
・たしかに子どもを取り巻く環境，特に人間関係についてはおおきく変化してきていると考えざるを得ません。
こうした点について考えていくことが，これからの大きな課題でしょう。

p.34〈演習問題①：長文を短文に書き直そう！〉解答例
　日本人はかつて文字を持たなかった。四世紀終わりから五世紀の初めごろに，国語で書かれた文章に出会った。それは，複雑な字形を持ち，しかも数が多い漢字という文字で書かれている。また，中国語は日本語とは異なる構造を持っている。日本人はその文章に出会って文字を学んだのである。

p.40〈演習問題②：レポートのテーマに相応しいか考えよう！〉
①不適切（理由：対象範囲が広すぎる。）

②不適切（理由：結論が当たり前すぎて，主張を展開する必要が感じられない。）

③不適切（理由：個人的すぎてレポートで主張するに値する事柄ではない。結論が全く読み手の利益にならない。）

④不適切（理由：「完全に」は現実的にありえない。証明のための条件設定

が難しい。）

⑤適切（理由：焦点が絞れていて，テーマの中に議論する余地があり，また読み手にとっても意義がある。アクセス可能な資料を通して事実関係を吟味することで，それほど知識がなくても，自分の意見が主張できる。）

p.50〈演習問題③：ことば遊びで"言い換える"練習！〉
①あく，②あしからず，③あわや，④あたかも，

p.52〈演習問題⑤：言い換える力を身につけよう！（抽象化と具体化）〉
問１）予想外のラッキーが重なったということ。（22字・抽象化）
問２）晴れと思っていたら雨で，乗り遅れると思っていたら乗れて，間に合わないと思ったら間に合ったということ。（50字・具体化）

p.61〈演習問題⑥：説得を意識した文章を考えよう！〉
①説得されないだろう
　問題は「ボランティア精神は育つもの」という主張の根拠が，自分自身とまわりの友人の経験に基づくものだけであり，それのみに基づいて「みんなそうだろう」と一般化している点です。読み手を説得するためには，ボランティア精神が育つものであることを何らかの形（たとえば，大規模なアンケート調査等）で証明した，信頼できるデータで示す必要がある。自分の考えや経験は，そのデータを示してから述べなければならない。

②説得されないだろう
　問題は「携帯電話の電磁波は人間に悪影響はない」という主張の根拠が，携帯電話会社のホームページのみであるという点である。会社のホームページは，その会社に不利益になるような情報は原則として掲載しないだろう。

携帯電話の電磁波が人体に影響を与えることは，携帯電話会社にとってマイナスである。そのため，それを自社のホームページに掲載することは考えにくい。はっきりとしたことが分かっていなければ，「人体に影響はない」と書くだろう。このような偏った立場から発信された情報は，信頼できるものとは言えず，それを根拠にした主張は，読み手を説得できない。

p.74〈演習問題⑦：文章を並べ換えよう！ Part 1〉
① 「学習塾で楽しそうな生徒と話す」
　「楽しそうな学習塾で勉強する生徒と話す」

② 「泣きながら去っていった彼女を私は見送った」
　「去っていった彼女を私は泣きながら見送った」

③ 「彼女は明るいが，私はそうではない」
　「彼女は明るくないし，私も同様である」

④ 「兵庫県の一部と京都府に被害があった」
　「京都府の一部と兵庫県に被害があった」
　「京都・兵庫両府県の一部に被害があった」

⑤ 「彼は彼女の両親に対する結婚の許可を得るのを取り消した」
　「彼は彼女の両親に対して行った結婚の許可を取り消した」
　「彼は彼女が両親に対して行った結婚の許可を取り消した」

p.75〈演習問題⑧：文章を並べ換えよう！ Part 2〉
正答：③
　A〜Gを一読すると，A, B, Dが哲学について，C, E, F, Gが科学について述べていることに気づく。提示文に続くものを後者のグループ内で検

グリーンブックレット刊行の辞

　グリーンブックレットの刊行は，立正大学法学部の日頃の教育研究活動の成果の一端を社会に還元しようとするものです。執筆者の個人的な成果ではなく，組織的な学部プロジェクトの成果です。私たちが高等教育機関としてその社会的使命をいかに自覚し，どのような人材育成上の理念や視点を貫きながら取り組んできているのかが，シリーズを通しておわかりいただけるはずです。したがって，グリーンブックレットの刊行は私たちの現状の姿そのものを世間に映し出す機会であるといっても過言ではありません。

　グリーンブックレットの「グリーン」は，立正大学のスクールカラーです。これは，大学の花である「橘」が常緑であることに由来するもので，新生の息吹と悠久の活力を表しています。現在の社会の抱えるさまざまな問題や矛盾を克服することは容易ではありませんが，次の社会を支える若い世代が，健全で，勇気と希望を持って成長し続ける限り，より良い未来を期待する事ができるものと信じます。そうした若い世代の芽吹きの一助たらん事を願って，このグリーンブックレットを刊行いたします。

2009（平成21）年12月

立正大学法学部長
鈴　木　隆　史

【著者紹介】

西谷尚徳（にしたに　ひさのり）
　明治大学文学部文学科卒業、明星大学大学院人文学研究科博士課程修了。株式会社楽天野球団、同阪神タイガースを経て、高等学校国語科講師、立正大学法学部非常勤講師、明星大学教育学部非常勤講師を務める。現在、立正大学法学部特任講師として文章表現を担当している。

グリーンブックレット　8

国語表現Ⅰ

2013年3月20日　初版第1刷発行
2013年5月1日　初版第2刷発行

著　者　　西　谷　尚　徳
発行者　　阿　部　耕　一

162-0041　東京都新宿区早稲田鶴巻町514番地
発行所　　株式会社　成文堂
電話 03(3203)9201(代) Fax 03(3203)9206
http://www.seibundoh.co.jp

印刷・製本　藤原印刷
☆乱丁・落丁本はおとりかえいたします☆
© 2013 H. Nishitani
ISBN978-4-7923-9234-5　C1081　￥800E
定価(本体800円＋税)　検印省略

個性的な活動や体験を重視する場である，としました。
　デューイのこうした考えは，「生活科」や「総合的な学習の時間」などに有効でしょう。さらに精読し理解を深めましょう。

討すると，Cの「このような知識」は提示文の「だれでもが……認めるような確実な知識」を指しており，Fの「そのため」はCの「現実の一側面に……にだけ可能」を指しているので提示文→C→F。さらに「ところで」と話題転換したE，Eの論拠を述べたGが続いてC→F→E→G。後半では科学との比較として哲学が取り上げられる。まず初めにくるのはB。Dの「このようなことがら」はBの「この人生……いかにあるべきか」を指しており，Aは「したがって」という接続詞を用いてB→Dをまとめた内容を述べているのでB→D→A。よって，CC→F→E→G→B→D→Aとなる。
　以下のような科学と哲学の性質を比較した内容である。
〈科学〉
・客観的に現実の一部分を考察する。
・先人の成果は万人のものとなるので進歩が可能。
〈哲学〉
・主体的に現実の全体を考察する。
・先人の見いだした真理は個人の意思がなければ実感できないので進歩は困難。

p.77〈学生実例レポート②：添削コメント〉
　デューイの教育論を，現在の教育的状況も踏まえて言及し，よく考えられています。さらに深めていくには，『学校と社会』が書かれた時代背景などを理解すること，さらには『民主主義と教育』(1916) や研究資料なども利用することが必要となるでしょう。
　『学校と社会』の論点に沿って，その書の書かれた時代背景を理解して考察すれば，例えばデューイは，産業革命の進展によって，生産と労働の場が家庭・地域から工場に移るという社会の変化に対応した学校教育の在り方を提案しました。すなわち，彼は，子どもたちが学校外の生活において生産と労働という「生きる力」を形成する機会を減少させている時代にあって，そうした機会を提供する場として学校は機能すべきであると主張しました。学校は，受身を強いる『読・書・算』の画一的な教育の場ではなく，子どもが